JN077173

増井武士
Takeshi Masui

精神療法でわたしは変わった 2

「よい子」の危うさ

木立の文庫

いまから思えば、私は小さい頃から、両親が些細《ささい》なことで口喧嘩《げんか》したり、時には、父が母の頭や顔を叩いたりする、そんなイザコザをウンザリするほど見たり聞いたりしてきました。

その都度、なにか自分のせいでそうなっているのでは？　と思いを巡らせていたこともあります。しかし、思い当たることもなく、あいだに割って入り、『やめてくださ い』と勇気をもって言うことを思いつきもせず、たとえ思いついたとしても、足がすくんで言えないのは明らかでした。

そんな両親が私にも細々とした注文や注意が多く、私は小さな頃は、あまり文句を言われないよう無意識に親の顔色をうかがっていたように思います。たとえば、些細なことですが、面白いテレビ番組を観ていて夕食の時間に遅れると、父が怒り、時には『おまえは誰の子か！』などと言われ、見放されるような怖さもありました。

母に相談したら『お父さんや母さんの言うとおりにして「よい子」でいなさい。あなたの前に、必ず母さんが叱られますからね、言うことをきちんと守って「よい子」でいてれば、なにも問題ないのよ』と言うのです。

子どもだから、そんな両親に満足されるような子になろうと、知らず知らずのうちに、ずいぶん苦労し続けてきたように思います。だから私は、両親からも学校からも、とても「よい子」として誉められるのが、ある意味で生き甲斐でした。


ところが、それでは済まされなくなりました。母が『きょうは体調が良くないから、夕食は外食にしたいって、父さんに言ってきて』と言うので、それを父に伝えると、『そんなこと、なんで父さんに、直接話さないのか！』と怒り出しました。

私は驚いて母にそう伝えると、母さんは『どうして、父さんを怒らせるような言い方をするの！　あなたの考えが浅いから、いつも、わたしが注意されるのよ』

と、顔色を変えて怒り出すのです。私は、まさか、私が外食したいとでも言えという意味だったのか？　と、ふと思うと、身体から汗が吹き出るような感じで、気分が悪くなり、吐き気がしてくるのです。

このような事態を、のちに精神療法家の北野先生はこう説明されました。

〈そのような「個人が努力してきた行為を誰からも否定され、その人の心のやり場を亡くす」状況を、われわれ専門家は、ダブル・バインド、二重の拘束、束縛、と呼びます、どのような行動をとっても、あなたは「ダメな子」ということになり、その人を無力化して、無能化させる、典型的な事態です。そのような無力的な事態が続くと、それが内面化していき、必要以上の自己無力感や罪悪感をもたらし、心身を疲れやすくさせ、人の評価や態度が極端に気になったり、引きこもったり、いろいろな心身の症状に現れてきます。そんな状況は、人の心の発達を妨害する大きな要因になりますが……〉

私はまったくそのとおり、と思いました。

もちろん私は、学校でも「よい子」で、校内での態度も良く、あたりまえのように成績も優秀でした。そんな私にとって嫌でたまらないのは、自由時間でした。休み時間に、〝自分が見られている〟ような何とも言えない嫌悪感に襲われるより、授業のほうがずっと楽でした。

また、学級委員長や生徒会長に推薦されたりしてきました。友だちたちは私を、可愛くて魅力的だと言うのです。また、付き合いたいと言って来る男子が、何人もいました。けれども、それどころではない大きな問題を抱えている私には「ほんとうに、どうでもいいことで、馬鹿らしいこと」とさえ思えました。

もくじ

正しすぎる 間違い

親の顔色

私の家にはテレビが一台しかありません。たいていの家には数台あるのですが、父は『二台にすると各自が勝手にテレビを観て、だらしなくなる』ということで、一台しかありません。だから、私の観たい番組があっても、父が観たい番組を優先させて、我慢します。

ある日、観たい番組を我慢して、父の観る番組を何となく眺めていました。ところが、よほど母が観たい番組があった様子で、母が黙ってチャンネルを変えたところ、父が『勝手にチャンネルを変えて、なにごとか！』と烈火のごとく怒り出しました。

母もまた、やり返して怒り出し、『いつも、あなたの観たい番組に合わせているのよ。時にはわたしの観たい番組を観てもいいじゃないですか！　わたしだけでなく、あの子も我慢しているのよ。それぐらい、あなたはわからないの』と反論しました。

父は、母にではなく私に向かって『おまえも我慢しているのか？』と言うので、ごく自然に頷きました。

すると父は『おまえたち二人、寄ってたかって俺に反抗するのか！』と怒鳴るのです。

その頃の私は、学校の自由時間に気分が悪くなったり、早退したりして、もう我慢の限界を超えていて、

『わたしの両親なら、もっとわたしのことを考えて。せめてわたしの居ないところで喧嘩や言い争いをしてよ！　ちょっとはわたしの気持も考えて！』

と、思いきって強く言いました。

すると父が『うるさい、黙れ！』と烈火のごとく怒鳴り、私のお尻を叩きました。

そのとき、私の心の深いところで、プチンとなにかが確実に切れたようです。

普通は、このように切れると哀しいものだと思いますが、私は不思議と、何となく重荷をおろしたような、ややすがすがしい気分でした。それで私は、ダムが決壊したように、家のなかの本や布団を投げつけたり、こんな現実が嫌で、『山のなかの修道女になりたい！』と叫んだり、しました。

私は、家族がうまくいくように、父や母の気持を考えそれに合わせるように努力するのはあたりまえだと、小さい頃から思っていました。

ところが、北野先生によると、〈不登校はじめ、子どもの情緒障害の大半は、「家族の平和と安泰を願って、心を使い過ぎた」ツケとも言える〉とのことでした。私にはその意味が痛々しいほどわかりました。またそのツケは、とても注意深く見ないとわかりにくく、周りの家族の者はあたりまえのこととして、大半は見過ごされてしまうのが、現実の姿だということです。

私自身も、家族のイザコザを起こさないように努力するのがあたりまえと思っていました。

外から見ると、私は非の打ちようのない「よい子」だったと思います。

両親の悪い面を細々と並べ立てましたが、父は社会的には、公務員としてとても勤勉で評判がよく、皆勤賞を何度も受けるほどでした。母は教員として熱心で真面目な先生だと、社会的にはとても評判が良いのです。

二人の共通点は、外では仕事に熱心で真面目というところです。

後で思いついたのですが、私も、嫌な両親のように外づらを無意識的に考えていたのか、やはり、ずいぶん窮屈でした。

友だちの温もり

中学時代から仲良しの百合ちゃんの家に遊びに行くのが、私の大きな息抜きでした。彼女のお父さんは大工の棟梁で、仕事場や外では周りに厳しく、時には怖がられていたようで、あまり良い話は聞きませんでした。けれど家では、お父さんが百合ちゃんを見ると、ニコニコ顔で楽しい会話が始まるのです。

『百合子、また抱っこしてやろうか』

『父さん、そんなこと、言わんで。友だちの前で恥ずかしい』

『そうか……』

『そんなのを、セクハラとか言うんよ』

百合ちゃんは照れていて、私はそんな会話が心地よかったのです。また、お母さんも

素朴で素直で

『あなたのお母さんは偉いね。学校の先生をしながら、家のこともあるでしょう。わたしなんか不器用だから、父さんの言うとおりしかできなくて、恥ずかしいですよ』と、笑顔で言われるのです。

そして、いつも簡単なお菓子と飲み物を出してくれました。私は百合ちゃんの家では、濃い酸素を吸っているようで、気持も緩み、ついつい長居をしてしまい、時には夕食まで戴いて帰っていました。

高校の頃は、同じクラスの友だちが下宿していて、彼女と気が合いました。それで彼女の下宿に泊めてもらい、そこから学校に通うと、とても楽に行けたのです。

それで、勇気を出して「家出する」と決めて、両親のイザコザを我慢しながら、一ヵ月に二、三度くらい家出をしたら割合、気持が楽になるのではないかと思いました。

それを友だちに話すと、『そのくらいの家出なら、いいよ。ただ、行き先をココとは言わないで』と言ってくれて、私はホッとして、息抜きの場ができたように感じました。

登校しても、いろいろな気遣いや人目が気になる問題はあったのですが、それは後で詳しく述べます。

ところで、友だちの下宿に泊まった翌日、父から『どこに行っていたのか』と強く詰問され、忘れたことにしたら誰にも迷惑をかけない、と思いました。

『うち〔わたしは〕忘れた』

『ほんとうに記憶がないのか？』

『ほんとうに忘れたんよ』

と、何度も確認する父に「忘れた」と繰り返し答えました。

それから間もなく、父は私のことが心配なのか、何回か一人で相談しに行ったらしい、ある心療内科のクリニックに、私を連れて行こうとしました。

とても不本意でしたが、父の気持も少しはわかるので、嫌だけど付いて行きました。

そこの先生は、一見ニコニコしていますが、それが上辺だけで、私をピンセットに摘まんでじろじろ観察している様子が、私にはよくわかりました。

また、「忘れた」ことについて、『いままで、少しのあいだだけでも、意識がボーッとして、ハッと気がついたとき、そのあいだだけ記憶がまったくなかった、ということはないですか？』と、訊かれるので、

『一度もありません』と、はっきり答えました。

あとで北野先生に訊くと、テンカン発作の小さなものの確認だった、と知りました。

そのクリニックでの形だけのやりとりのあとで、「もし、まだ心配なら」ということで、脳波の検査の紹介状を書いてもらいました。薬も処方されたので、いちど試しに飲んでみたのですが、意識が少しボーッとして、楽といえば楽なのですが、身体の感じが変わって嫌な感じが強くて、服用しませんでした。

高校に入学してそろそろ一年になりますが、なぜか学校から帰るとドッと疲れが出て、日によっては、なにも食べたくないのです。

そんなときでも、頑張って登校しようとしました。

登校しようと頑張るのですが、最後は目眩や吐き気がして、お腹がとても痛く、ま

た頻繁に下痢をして、とうとう学校を休むようになりました。

休むと決めてしばらくベッドで横になっていると、昼過ぎには身体が楽になってくるので、昼過ぎから登校してみましたが、休憩時間は皆、友だちとお喋りを楽しんでいるのに、自分だけがポツンと一人でいて、変な目で見られてるようで、また気分が暗くなっていきました。

その心の暗さの後で、目眩や立ち眩みがするようで、それは単に「つらい」という簡単なものでなく、もう「無くなってしまいたい」ような絶望感もあり、ひとりでに涙が出て仕方ないときも多々ありました。


私が身体の症状だけでなく、そんなつらい思いをしているというのに、父は仮病扱いして、『まったく……、そんな弱気な病気は、ほんとうの病気ではない！』と怒り出し、私の後頭部を、また叩いたのです。そのことが、家出をしようと思う大きなきっかけとなりました。確かにそのとき、なにかプッツリ切れたようでした。それは哀しいけど、かえって気が少し楽になった、少し不思議な体験でした。

後に、北野先生から〈あなたのそういう体験を、事態に絶望して事を明らかにするという意味で、「健康な明らめ」とわたしは言っています〉と聞いたとき、とても衝撃的であったのを、はっきり覚えています。

父から『念のため、脳波の検査に連れて行く』と聞いたとき、私は特に嫌な感じはありませんでした。万が一そういう傾向があれば、治療は早いに越したことはないと思ったからです。

紹介状は、S医大の精神科に在籍しているとても若い先生宛であり、その先生に家族連れで会いました。その先生は『おそらく脳波と関係ないと思いますが、まあ、これこそ、撮ってみないとわからないので……』と、あまり気が進まないような感じで、いままでの病院の先生のなかでいちばん素朴で正直な感じでした。だから私は内心、とても好意をもちました。

脳波の検査結果はやはり「まったく正常で異常なし」とのことでした。

その先生は、しばらく考えたあと、ゆっくり話し始めました。

『不登校などは、ここの准教授の北野晶夫先生が専門家で、それに関する本なども書いていて、関西や関東からでも電話相談があるようですよ。僕もたまたま不登校の高校生をアルバイト先で診なければならず、北野先生に訊いてみたら、いわゆる「心の便秘」のようなもので、非刺激性の便秘薬のような役になることを考えるか、何にもせず、話をしっかり聴くか、薬を処方するなら、僅かな安定剤と抗うつ剤がいいみたい、とアドバイスされて、とにかく、話を聴くことと薬で勝手に学校に行きかけたので、こっちが少し不思議な体験をしました。とにかく、放っておくということは意外と難しいことでした。おもしろい先生なので、何なら紹介状を書きましょうか？』

そう言われ、『お願いします』と、つい自然に、自分から声が出ました。

何だか私は直感的に、これで何とかなると感じました。

はじめての面接

朝起きると父が、まるで誰かの結婚式に参加するようにきちんとしたスーツを着ていました。その姿を見て、私は「えっ、また……」と感じ、いつものウンザリ感が出てきました。

私が思ったように父は『きょうは偉い先生のいる病院に行くのだから、きちんと制服を着て、身なりを整えなさい』と言ってきました。私はまるで筋書きの決まったドラマのように、反発もせず、着替えました。母もまた、父に言われる前に、よそ行きの着物に着替えていたようです。

私は母の着物を見て、内心、「ああ……これで、またお互いがけなし合って、わたしの気持がザラザラになって、気分が悪くならなくて済んだ」と思い、少しホッとしました。

そして父の車でS医大の病院精神科外来の北野先生という方に相談に行くことになっていました。私たちは、専門家のあいだでは有名な医学部の准教授に会いに行くということで、精一杯のフォーマルな着物で装い、病院外来に出向きました。私は当然、先生はそれなりの服装をしていると考えたからです。

話しやすい位置の確認

私の名前が呼ばれて最初、皆で部屋に入るのが何となく抵抗があったので、母だけが出向きました。

——北野は〔以下この表記は、北野晶夫の目線の記述〕、聞き取れるかどうかわからないような、母親のオドオドした話し方から、彼女の困惑や深い迷いを感じ、この際、家族全員で、個人が話すより黙って各自の「心理的距離と位置」を静かに確認するほうが治療的だと、即座に判断した。それで、皆で来室するように伝えた。

「母さんはどう話し始めているのだろうか?」と思っている間もなく、私たちは呼ばれました。

母も私も最初にいちばん驚いたのは、北野先生の服装でした。正装した父はもっと、驚いたことでしょう。カーキ色の涼しげなTシャツで、下は短パンといきたいところを、さすがに大学ですから、仕方なくジーンズを履いたという想像がつくほど、気楽なスタイルでした。足もとはサンダルで、もちろん当然のように、白衣など身に着けず、開口いちばん

〈北野です、よろしく。さて、まず最初に、それぞれの方がいちばん安心する所に椅子を動かしてください。どうぞ、ご自由に。わたしの面接では「安心して話しやすい位置」というのが、とても大事なことですから……〉

というのです。

父は先生の言う意味がわからないのか、最初から先生の真正面に座ったままでした。母は先生からもっとも遠い面接室の出入口あたりに、私は先生の少し斜めの部屋の右の壁あたりに座りました。先生は〈くどいようですが、その位置があなたにとって「いちばん居やすくて話しやすい位置」か？　もういちど確認して、話しやすい位置に移動してください〉と言われました。私は、少し部屋の壁に寄りかかると、ずいぶん気持が落ち着きました。

「話しやすい所に少し動くだけで、こんなにも気持が変わるもんだ」

と少し驚くのと

「この先生、なにかすごくわかりやすい。それに、変わっている」

という実感でした。私の位置はたぶん先生にも話しやすい位置だろう、と確信めいた感じがしました。それは、何の根拠もないものの、漠然としているようで確かな実感でした。

〈その「感じ」がとても意味のある体験だ〉と、後の面接で北野先生が言われましたが、私にはとてもわかりやすかったのです。

そして、母さんを見ると、出入口の直ぐ横の壁に身をつけて、まるで、なにかあれば直ぐに逃げ出せる位置のようでした。私は「母さんらしい」と思い、心のなかでクスッと笑いました。

父を見ると、先生の真正面から少しも動かず、この位置だけで、私たち家族のすべてを物語っているようでした。

先生は、〈ただ「居やすくて話しやすい位置」を探すだけで、気分が変わるでしょう。「心というものは、ちょっとしたことでも変わる生きものだ」ということと、「何に関しても、ほどよい距離とか、位置がある」という二点を、わかってください。この二点はいずれ後の面接で、よりはっきりしてくると思います……。さて、どなたでも結構ですから、何でもどうぞ〉と語りかけられました。

正しすぎるという間違い

まず真っ先に父が、ここに来たいきさつなどを語りました。

私にとっては大切な事実なので、父の発言をできるだけありのままに示したいと思います。

この子は、小さい頃からとてもいい子でした。

しかし、少し前より、学校に行くとひどく疲れるようで、それを少し注意するととても怒り出し、家にある物を投げつけたりして、人が変わったように暴れたりするようになりました。

「山のなかの修道院で修道女になりたい」とか、大声で叫んで暴れるのです。

それが収まると、最近ときどき、ぶらりと夕方から家出をして、そこから学校に行っているようです。わたしたちは当然、心配です。それで、どこに行ったか訊いても「忘れた」としか答えないので、ほんとうに忘れたのか？　と何度、訊いても「忘れた」と言うのです。

私はテンカン発作のときに記憶がなくなるとネットで知り、あるクリニックを受診したら、身体的に異常なく、「強いていうなら自律神経失調かな」と言われ、薬をもらいましたが、娘はよけい気分が悪いといって服用しませんでした。それでこの病院で脳波を撮りましたが異常はなく、そこから先生を紹介されました。

私なりにいろいろ考えました。娘はたぶん、家で楽しくないと思います。家が楽しくなるなら、私はどんな努力もしますので、どうか、その方法を教えてくださいませんか……。

スーツをきちんと着て、姿勢を正して先生の正面から話すのが、父らしいと思いました。

先生はダランと力を抜き、ときどき頷きながら黙って、父の話を聴いていました。しかし、最後あたりはしきりに首をかしげて、なにか別の感じになっていきました。

父の話が一段落ついて、先生は〈お父さん……。まあ、なんて言うか……、正しすぎる間違いということを考えたことがありますか？〉と尋ねるのです。「なんと洒落た言葉をいう先生か」と私は思い、自然にクスッと笑いが出て、思わず口をふさぎました。

私の笑いと関係があるのか、ないのか、父は顔を真っ赤にして、『なんですか、その「正しすぎる間違い」とは？　正しいことは正しく、間違ったことは間違いではないのですか！』と、怒りを精一杯押さえて尋ねました。先生は、ハッとなにか、気がついたようでした。

〈すみません、妙な言葉を使って。少し、言葉を変えますが、お父さん、「窮屈な気持」って、わかりますか？」〉

『わかりますよ、そのぐらいのことは……』

〈その窮屈な気持が長く続くと、どうなりますか？〉

『場面によって違いますが……』

〈そうですよね。たとえば、お父さんの上役がいるとして、その人が毎日会議の前に、苦虫を噛みつぶしたような顔で、「諸君、われわれは幸福でなければなりません。幸福ということは、笑いを伴わなければなりません。笑いとはユーモアのことで、楽しくなければなりません。だから最低限、一日一回は笑うように努力する必要があります……」といった話を一時間ぐらい、毎日聞かされたとしたら、お父さん、どう思いますか？〉

先生の譬え話が面白くて、私は笑いを抑えるのに苦労しました。さて、父はどう答えるのか、とても興味深く聞いていました。

『わたしはその上役を尊敬しますね。どのような状況でも熱心に考え、言い続ける、その上役は偉いと思いますが……』

という父の答えに、私は大きく驚き、そう答える父の気持に、少し悲しい納得をしました。先生は、私の気持がわかるのか、話を砕いて父に問いかけました。

〈そうですね……。お父さんから見れば尊敬に値しますが、もし、そんな話を毎日聞かされて、「ああ嫌だ、嫌だ。そんなに笑いが大事なら、一日一回ぐらい、皆が笑うようなボケをかましてみたらどうか？」と考える人がいたら、どう思いますか？〉

『そんな人は、我慢が出来ない、ふざけた人だと思いますが……』

〈なるほど、お父さんはそんなふうに考え、生きて来られたわけですね。だから「正しすぎる間違い」など、ありえないのですね？〉

先生からそう確認され、やっと父は少し力を抜き、ホッとしたようでした。先生は、〈さて、お父さんとの話で時間をとりましたが、お嬢ちゃんやお母さんの話をきいてみたいと思います。お嬢ちゃんは、なにか訊きたいことや、意見などないですか？お嬢ちゃんは、どんなお気持かな？〉

と訊かれましたが、この場では、あまりないことにしたほうが良いと思ったので

『特にありません……』

と答えました。母は母で、蚊の鳴くような声で

『わたしも特にありません』

と答えました。先生は父に向かって丁寧に話しだしました。

〈お父さん、先ほど「家が楽しくなるなら、どんな努力でもするので教えて欲しい」と言われましたね。この先どうなるのかわかりませんので、相談を受けた責任者として、また、専門家として、わたしの経験をお伝えしますが、それはとても簡単なことです。まずは、お子さんや他人のことは、いったん棚にあげてください。そして「自分は何をしたいのか？　自分にとって何があれば楽しめるのか？　について想い巡らせ、それが可能なら、実際やってみてください。たとえば、興味をもった喫茶店があれば、実際、仕事帰りにでも入ってコーヒーを味わったりするのです。もしも、世界一周の船旅に行きたいと思いついたら、そのパンフレットを集めるとか、その会社に問い合わせたりするのです。何でも構いません。古い映画が観たくなったらＤＶＤを探してみるとかです。「自分が楽しくなければ、家族の楽しみなど、あり得ない」と思うくらい、こだわってください。お金はそんなことに使う為にもあると考えてください。わかりますか？」〉

先生の提案と意見に、父は意外と素直に頷いていました。

先生は〈さて、これからどうしたいのか、皆さん、待ち合い室で話し合って、その結果を知らせてください。無論、もう来たくないなら、当然ですが、そうしてくださいい〉と、そう言われ、私たちは話し合い、父は私の好きなようにしろ、と言い、母は私が通いたいなら、ときどき一緒に行くというのです。

私は、ここははっきり言わなくてはと思い、『うちは、あんなに洒落たことを言う先生に初めて会ったので、ぜひ通いたい』と伝えました。母は話し合いの結果を先生に告げに行き、ついでに私の先生への印象を伝えたみたいでした。最後に

〈簡単な話をお子さんとしたいので……〉

ということで、私が部屋に入ると、北野先生はつぎのように話してくれました。

〈細かい話は後で出来ますが、簡単な提案か約束をしたいと思います。一つ目は、ご両親、特にお父さんの態度を変えようとしないで、自分を少しだけ変えようとしてく

ださい。あの父さんを変えようとすると、必ず戦争となり「心の血」が流れ出します。それに、父さんは自分のしたいことを見つけで少し変わるでしょう。それに、あなたが変わることで、また変わるでしょう。そして二つ目は、あなたがここに来ることに抵抗があれば、必ず、ドタキャンしてください。普通は、そういうことはいけないと思いがちですが、ここでは、普通の考えより、あなたの素直な気持を大事にします。ドタキャンは、あなたの大事な「拒否能力」ですから、わたしはその能力を大事にします。「適応力」というのは、この拒否能力を社会的に認知されるまで高めることです。おわかりですか？　なにか質問があれば、何でもどうぞ〉

ということで、また私の気持が軽くなりました。

『よくわかりました』とだけ答えました。

つぎの面接日時を決めました。私は何も話していないのに、いっぱい話をしたあとのような気分の軽さが、何とも不思議でした。

帰りの車のなかで父はなにか考えているようで、沈黙して、私は私でいろいろな場面を思い返していました。母だけが二人の合間をとろうとして、父さんや私に、少しおろおろして話かけてきました。
私が『母さん、そんなに人の気持を心配する必要はないよ』と言うと、父は『オレはオレなりに考えているので、オマエはオマエなりに自分のことを考えたらどうか？』と言うので、驚きました。いつもなら『うるさい、黙っておれ』というところです。母は電気に触れたように黙ってしまいました。

私はつぎの面接が楽しみで、それを考えるだけで学校に行くのがずいぶん楽になりました。
それは不思議な体験でしたから、ぜひ先生にいろいろと尋ねようと思いました。すると、訊きたいことがつぎつぎに出て来たので、メモしていました。

つぎの回のことです。呼び出しがあり私が部屋に入ると、先生はこの前とまったく同じ服装でした。

先生に『いろいろ訊きたいのですが、どんなことでも構いませんか？』と尋ねると、〈あなたがこの場で暴力をふるわない限り、どんなことでも結構です〉と、少しふざけた答えでした。

やはり、この先生は基本的には少し不真面目かもしれないと思いつつ、『先生、このまえ、父に「正しすぎる間違い」の話をされましたね、父の話が進むにつれて首を傾けているようでしたが、どんなお気持だったのですか？　私はそれが気になっていました』と尋ねました。

〈面接時間の都合もあるのですが、細かく説明するのと、ざっくりするのと、どちらのほうがよいですか？〉と訊かれるので、私は細かい説明を希望しました。

〈わかりました。「話しやすい位置」を聞いたときに、あなたがいちばん、その意味を何となく感じて、お父さんはそれはどこでもよく、お母さんは意味がわかっていそうで基本的にはあまり深く理解しようとしないのか、出来ないのかわからない……そんな感じでした〉

『なにも話さないで、たったあれだけで良く本質がわかりますね。わたしが両親について言いたいことは、そういうことなのです』

〈そういう両親のもとで育った人の苦しみも、だいたい想像がつきますよ。大変だったでしょう？〉

そう言われ、私は思わず涙が込み上げてきました。この先生の理解力は想像もつかない、という印象でした。先生は続けて

〈あなたの質問ですが、まず最初、お父さんの話を聴くと、わざわざ脳波まで撮りに出掛けたり、子どものことを心配している父親のように思いました〉

〈わたしが患者さんの話を聴くというのは、単に、話の内容だけでないのです。たとえば、話す声が生き生きしているか？　とか。その話の内容の元になる、その人の心はどんな様子なのか？　とか。声は心から出ているか、それとも理屈っぽい頭から出ているか？　とか。ほんとうにいろいろな面から話を聴きます〉

〈わたしはお父さんの話の途中から、たまらなく「窮屈な感じ」を受け取りました。そして、話を聴くうちに、わたしのなかにとても大きな岩がガンとそびえ立ち、「あぁ、ここを通るときは、この岩を避けて通らなければ、ずいぶん苦労するな」と思いかけました。そして最後に、「家が面白くなるためにはどんな努力でもするので、教えてください」とお父さんが言われたときは、私は軽い絶望のようものを感じ、それをどう伝えたらよいのか、少し自分の気持に尋ねると、「正しすぎる間違い」という言葉が生まれたのです。こんな話でいいですか？〉

私はとても興味深かったので、話を続けてくださいと答えました。

〈あのとき、お父さんは怒り出しましたよね？　その姿を見てわたしはすぐに、「正しすぎる間違いをお父さんが認めると、自分が正しいと思って一生懸命生きて来た自分の人生それ自体を否定することになるので、絶対に認められないな」と考えたのです。だって、父さんの身になると、一生懸命「正しいことは正しいこと」と、時には必死に頑張って生きて来たのですからね。あのときわたしは父さんに謝ろうと思いましたが、余計にお父さんの心の核の部分に触れそうだったので、「自分自身を楽しくする努力をする」ことだけ伝えました。それが出来ると少しずつ、お父さんも変わると思いましたので。これでだいたい話しましたが……〉

私は先生の話を聞き、眼からウロコが一枚はがれたような気持になりました。訊きたいことをメモしていた紙を私が取り出したところ、先生が少し笑われて〈メモまで書いて来たのですね、しかしそれは、メモをとったときに浮かんだ質問で、いまここに居る生きたあなたの質問ではないと思います。わたしが聞きたいのは、いまここに居る生きたあなたの質問なり気持ですから、これから、メモは出来たらしないようにしてくれませんか……〉

と言われ、私は直感的に先生のいうことの意味がわかりました。それで、「いまの自分の気持になるべく素直に」話そうと思いました。

『先生のいう正しすぎるという間違いは、父の話だけでなく、わたしのことでもあるなぁと、さっき思ったのです。学校に行かなければいけない法律もなく、無理に行って体調を壊すぐらいなら、身体の健康のほうが大事だし……。そう考えるとずいぶん楽になります』

〈そのとおりですね。けれどわたしには、あなたは「ほんとうは普通に学校に行きたい」と思っているのでは？　と思うのですが……その点はいかがですか？〉

『そうですね……素直に答えると、そのとおりです。けれど学校に行っても、なにか人目が気になって、ひどく窮屈な感じがすることがときどきあって、疲れます』

〈その点ご両親は、夫婦喧嘩というやりくりで何とかしている様子です。あなたは、物を投げつけるとか、家出するとか、やりくりしていましたね。そんなやりくりをしたあとに調子がいいのは、とても健康的な要素です。その点またつぎの面接で、話を聴きます〉

先生が言われるように、窮屈な気持を自分なりにやりくりしていたと思うと、私は納得できる感じがしました。帰りの足どりはとても軽かったです。

「よい子」とよい子

――四、五回目の面接ではだいたい、それまで述べてきたことの確認のようなものとなる……。

あるとき北野先生は、最初から大切な話をされました。

〈わたしの面接での目標は、「いつ面接が終わりになっても、その時点でやれることと打てる手はすべてやった、と思える」面接をすることです。だからわたしは、いまはあなたの頭のなかだけでもよいから理解してくれたほうがいいと思う、一応のわたしの考えを述べます。その点、どうですか？　その前にあなたの言いたいことや訊きたいことはありますか？　あれば、どうぞ。その点から始めますので……〉

『先生の考えには、わたし、とても興味があります。ぜひ、聞かせてください。その後で訊きたいことを話しますから……』

〈わかりました。わたしは、いわゆるよい子をふたつに分けて考えています。かっこ付きの《よい子》と、かっこが付かない、よい子。この、ふたタイプです〉

かっこ付きの《よい子》は、その良し悪しの基準は、「他人からどう見られているのか」「他人が良いと思っているかどうか」が問題であり、その良し悪しは、人目や他人の評価に左右されます。他人の見方によって良し悪しを判断して、良いほうに言動を決めていくような人です。

そのような判断をしているのは「自分である」という自覚はまったくなく、自分の価値は他人の価値観だけで決められ、それが自分だと思い込んでいる人です。その人にとって、そのような自分があたりまえで、そんな「自分」という自覚の入る余地はないのです。そのような人は、他人からより評価されたいので、自然と他人に合わせ、それ以上の《よい子》を求めます。だから、相手からより良い印象を得るために、また努力を続けます。

そんな《よい子》たちは、他人や社会から認められ、時には誉められるのをエネルギーにして、次の《よい子》になろうとします。こういう人は、人が右よりなら右よりに、左なら左よりに波長を合わせます。右と左が対立するときは事態をじっと観るしかできず、自己決定など、そんな「したことのない作業」はできないのです。だから観察しても、決して右か左かを明確にしないのです。しないというより、自分は右でも左でもどちらでもよくて、周りの成りゆきを観察し、大勢のほうにそれとなく近寄ります。

問題は、自分がそんな決め方をしていることに何ら問題を感じないところです。人はこれを「日より見」主義というかも知れませんが、日より見主義者には、「そのほうがいい」という自己決定があります。しかし、《よい子》は、その自己決定をとてもしにくい状況のもとで育っている場合が多いようです。

《よい子》を評価されて次の《よい子》のエネルギーに替える、というサイクルが順調に、死ぬまで続くと問題ないでしょう。しかし、人は必ずどこかで、多少の失敗をします。たとえば些細なことですが、英語文章を読み違えたり、なにかの発表でつい、どもって、皆が悪意なく笑い出したりなどです。人から見ると大したことがないそんな失敗をきっかけに、《よい子》を続けるエネルギーを失い、「別の自分」になろうとします。しかし、いままで他人の良し悪しで自分を決めてきた自分以外の、他の自分になろうとしても、「他の自分」はなにもないのです。

なにもないので、どうすればよいかわからず、人の目だけが気になってくると、これまでのような《よい子》であるエネルギーが続かず、くたびれだけが残ってきます。そうして、身体のあちこちに異常を感じるようになり、とくに、学校に行ってもどう振る舞えば良いかわからなくなり、登校できない状態となります。

私は自分のことを考えながら、聞いていました。

〈話が長くて、くたびれますか?〉

『いいえ、わたしには興味がありすぎるくらいです』

〈それなら続けますが、《よい子》がいつでも《よい子》でいられなくなるのは、自分の失敗だけではなく、交通事故のように他から来ることが、きっかけになることもあります〉

その典型は、いじめです。《よい子》は学校で受けがよく、ある種の人から、羨ましがられることも珍しくありません。そのような人の悪意と直面したときに本人の《よい子》のかっこが外れ、反論や反発ができるなら、なにも問題ないのです。けれど《よい子》は、人に気に入られるのは得意でも、他人の悪意に対抗するということは、あまり経験がないので出来ないのです。そして混乱して、不登校になることもあります。それは、人が自分を守るために本来的に具わっている、嫌な刺激に対する「拒否」「反発」「怒り」というあたりまえの心が、《よい子》であり続けるために深く押さえつけられているからです。そんな人が怒りを感じた場合に、「それは良くない、悪い自分だ」と自罰的な考えしか浮かばないときは、リストカットや自傷行為、長い引きこもり、最悪の場合、「死にたい気持」の虜となったりします。

〈話が微妙なところまで行きましたが、だいたい、理解できますか？〉

『はい、まあ……、わたしという素材をもとにして聴いていたので、ある部分は、痛いほどわかります』

先生は少しホッとしたようで、話は続きました。


かっこの付かないよい子というのは、ある程度は他人の事情も考えるけれども、他人や人目の評価はそれほど大事なことでなく、自分の行動の評価基準は常に、自分にあります。たとえば、電車のなかで老人に席を譲るのは、自分がそうするほうが却って楽だからで、他人の目など少しも気になっていません。勉強にしても、一流大学や医学部に入るのは、強いて言葉にするなら、生活が安定して贅沢がしたいからなどと、内心、考えています。自分がそうなりたいから、という自覚があり、自己決定があります。

かっこ付きの《よい子》人が医学部に来るのは、たとえば、ほんとうはうっすら看護師になりたいと思っているのに、教師や両親や周りから成績がいいのにもったいないと言われ、受験したら合格した場合などです。そんな人は、二年生ぐらいで医学部の講義や実習が嫌でたまらなくなり、不登校になります。幸い、自分の本心に気づき、看護学科に乗り換えて、みるみる元気になる学生はたまにいます。

素直に「自分を生きる」ということは、基本的に誰もがその欲求をもっていますが、言うほど簡単なことではありません。それは、自分と他人は違うという事実をよく知っていて、いつも「他人との多少の摩擦」を当然のことのように引き受けなければならないからです。

言うなれば、《よい子》は他人からの目を頼りにして、よい子は自分の判断を頼りにするという基本的な違いがあり、その違いは、個人の精神生活に非常に絡んできます。これがわたしの持論です。あなたの感想をください。

私は先生の持論を聞いていると、心の底がどこかが抜けて、新しい風がサアーッと入ってきたようでした。

『先生、わたしの理解では、両親に反論して枕を投げたり家出をしたりすることが、よい子だったのですね？』

と、大事なことを確認するつもりで訊くと、先生は微笑んでいました。

〈わたしの仕事においては、心の発達や健康を、まずなにより大事に考えます。世のなかの良し悪しなどは二の次です。あのときあなたの心がプチンと切れても言い返したりせずに、黙って我慢していたとしたら、その後あなたはどうなっていたか、想像してください〉

『わたしはたぶん、気分が悪くなって、ひょっとすると目眩がしたりして部屋のなかで横になり、悶々とするようになったと思います』

〈それなら、両親への反発はあなたにとって、かっこの付かないよい子のように思いませんか？〉

と確認されました。確かにあのとき、自分に溢れる怒りを示さないと、私はどうにかなっていたと思いました。

〈家出もそうです。あのとき家を離れなかったら、どうなっていたと思いますか？〉

『わたしはたぶんイライラして、突然、ワァーと叫び出して、物を投げつけかねないと思い、家出のほうが無難かなと思いました』

と言いながら、あの家出するときの解放感を思い出しました。そして
『わたしの家族やら周りに気を遣って無難に事を治める、あの苦しみはいったい何だったのか？　心の無駄使いなのだったのか？　という疑問が、ドッと湧いてくるようです』

と素直に述べました。そうすると先生は
〈そこなのです。いまあなたは、周りに気を遣い過ぎてきたことを、自分の欠点のように思っているでしょう？〉

私は頷きました。

〈その点、もう少し丁寧に吟味してみましょう。あなたが欠点と思っている、相手や家族の事情や態度が気になる、という「欠点」を「能力」という言葉に入れ替えて

みてください。そして、その能力のおかげであなたがなにか得ているものがある、とすると、どんなものがあると思いますか？　それのことについてゆっくり思い巡らせてください〉

難しい問いかけだなぁ……と思いながら、静かに考えてみました。

周りが気になり気遣いばかりしている私に、そういえば最近、男性から「深い優しさを感じる。付き合ってほしい」と言われたことを思い出しました。周りへの気づきから私はいろいろ配慮ができる。それで疲れたりするけど、そのことから私が得ているものがないか？

あれこれ迷いながら自分に確認してみると、どうやらそれは、優しさとか愛情、人を大事に思うこと、みたいなものかな？　と、ふと気づきました。

沈黙がしばらく続き、私はそのことを、先生にゆっくり伝えました。先生は見るからに嬉しそうな顔になりました。

〈大正解ですよ。あなたは「周りに気を遣って疲れる」という能力から、他人を思いやる気持や優しさとか愛という事に、とても深く繊細な感受性を身につけることが

できていると思われます〉

それと関係して、あなたの「深い優しさ」は、他人から見ると「信頼できる人柄」ともなり、それはお金では買えない貴重なものです。

自分の欠点は見つけやすいのですが、自分の長所は、すでに身についており自分そのものだから、とてもわかりにくいものです。だから、長所が見つけやすい質問をしてみました。わたしなど、友だちに何度も長所を指摘されても、なにか誉め過ぎと感じられて、なかなか信用しにくかったのですが、いまのような発想をしてみて初めてわかりました。

《よい子》は悪くいえば「自分の意見が言えない人」ですが、自分の意見をもてないかわりに「他人の意向にはとても敏感な人」で、それは、人への思いやりの深さにじかに関係してきます。おわかりでしょうね。

『実をいうとわたしは、他人から言われた長所を思い出して、欠点と思っていたところを能力から得たものとして当てはめると、何となくしっくりいく感じがして、そのように答えました。わたしは「大事な私」を知らないで、いままで生きてきたみたいです』

と、正直に伝えました。

〈それは、異性から言われたのではないかな、と勝手に推測します。たぶん十数人から同じようなことを言われたのではないですか？〉

『どうして先生は、そこまでわかるのですか？』

と、私は先生の感性に驚いて尋ねました。

〈それは、なんら理論的根拠はなく、何となく……です。何となく男性の直感のようなもので想像すると、わたしにはピッタリくるのです、わたしが患者さんの話を聴くとき、その人の身になり何となく……感じることを、とても大事にしています。「何となく感じること」は、その場で生きている心をより活性化する理解になるようです。だからあなたも、面接では、その「何となく感じている自分や自分の直感」を大切にしてください。細かい理論的根拠は省きますね……〉

『先生のいう「何となく」の賢さは、ほんとうに何となく……深くわかるような感じがします』

先生の嬉しそうな表情や大きな頷き、雰囲気から、私が先生に感じる「何となく」がわかりました。

先生はわかりやすく、こうまとめてくれました。

あなたの欠点として見ると「自分は周りに気を遣いすぎて、自分の意見が言えない人」となるけれど、その欠点を能力と見なして、なにか得ているものを探すと、相手から見ると「人の気持によく気づき、気遣いができる、信頼できる人」となって、自分が積極的に捉えられ、自分らしく動きやすくなります。

そういうようなことで、できたら、自己を援助するような考えに慣れると楽になりますよ……。わたしは患者さんの言われる欠点のあとに、いつも「その能力のおかげで得ているもの」を思いつつ話を聴いています。

自分もそうした考えに慣れるとどんなに楽か……と、私は伝えました。先生は〈ぜひともそうしてください。この後に、深い問いかけがありますが、きょうは話し過ぎたように思うので、続きは次回にでもしたいと思います〉と言われました。

状況に構い過ぎていると

〈あれから、どんなふうですか？〉と、北野先生は前回の面接で伝えようとしたことの多さと重要性を、少し心配げに質問されました。

『二点は、はっきりしてきました。かっこ付きの《よい子》とよい子の自分のあり方の違いを考えてみました。それから、「短所と思っている点のおかげで得ているものがたくさんある」ということも考えてみました。よく「自分を大事にするのが大切」といわれるけれど、先生は、どうすれば自分を大事にできるか？　を具体的に教えてくれたように深く感じました。

問題は、わたしが事態に振り回されていることにあると思います。それは、わたしが事態を呑み込んでいることと決定的な違いがあり、事態に振り回されているときのわたしは、本来の私を失っていたと思います。だから、めまいや立ちくらみがしたんだと思います』

私はそのように詳しく答えました。

〈よく、正確にわかっているようで、うれしくなりました。状況や人目に構い過ぎているときの自分とは、かっこ付きの〈自分〉で、そのとき、かっこが外れた自分に戻ろうとしても、その自分は見当たらないか、そもそも無いので、混乱します、その点はおわかりですか？〉

と訊かれたので、

『それがわたしの混乱そのものでした』

と伝えると、先生は、

〈かっこがない、素直な、自然な自分って……あたりまえすぎてなのか、意外と大事にされていないようです。これでは、自然の神様から罰が与えられるかもしれません。神様から貰った自分を、かっこ付きの〈自分〉で無視して、頭のなかだけで描いた〈自分〉にこだわっていると、神様から戴いた本来的な自分を「もっと大切にしなさい！」という声が聞こえてくるのかもしれませんね〉

私はこの話を聞いて直感的に、全身が震えるようにゾクッとしました。ほんとうに……神様から与えられた自分にケチをつけ、嫌悪にしてきた実態に触れて、電気が走るような感覚がありました。

〈さて、これからが大事な問いかけとなりますが、時間と、あなたの精神的な疲れの都合で、次回にゆっくりやりましょう。「自分と向き合う」と、そのときは夢中になっていますが、心地よい疲れや放心感は後からドッと出る場合が多いからです〉

と先生は言われ、次回に持ち越しになりました。

内なる願いへの気づき

前回の面接の後、私の「癖」のようなものについて思いめぐらしました。

他人と意見が食い違ったときに、黙って自分の意見を引っ込める癖があることに気づき、そのことを「癖」ではなく「能力」という言葉に置き換えてみました。そうすると、〝もっと、他人と調和して生きていたい〟と願う私の大きな希望があることに気づき、ずいぶん落ち着きました。

面接の初めに、私からそのことを北野先生にゆっくり話すと、先生は少し驚いたような顔をして、

〈そうです。そんなふうに「能力」という言葉をつけて考えてみると、自分で深く納得ができる心の発見があるようです〉

と、先生自身が納得するように言われました。

〈つぎのステップにいこうと思いますが、少し急ぎ過ぎかもしれませんね。あなたがちょっとでも違和感があったり、少し無理をしたりしている場合は、必ず、私にそう言ってください。あなたの自覚と理解はすごいと思う反面、心がついて行かなかったりすることがあるので……〉

と、丁寧に確認されました。

『わたしも、どんどん自分が変わっていくようで、驚いていますが、それはそれで、気持が良い方向に向かっている感じです』

〈経験上、「早く良くなる」ということは、「早く悪くなる」ということでもあり、少し心配しているのですが、あなたの場合はちょっと違うみたいで……。ただ、その点、あなたも気をつけて、自分自身を観ておいてください〉

『そうですね……、わたしの場合、百メートル走のように駈けているような気はしますが、いままでずいぶん、その準備をしてきたり、解りかけていたりした部分もあったように思います』

〈なるほど……、そうですか……〉

言葉にして先生に発してみて、先生の反応を見て、わたしは自分に問いかけ、ゆっくりと、いままでの進み具合や気持を確認できました。

〈それでは……、疲れるかも知れないけど、さらに自分を理解するために、もう少し自分に尋ねてみてください〉

〈あなたが自覚した、「人への深い優しさや愛」とか、「なんとなく他人から信頼される」などの長所は、いったい、どのような、あなたの〝深い願い〟から来ているのか？　について思いを巡らしてください。なんとなく、で結構です。少し問いかけて、浮かんでくるものを眺めてみてください〉

まず静かに目を閉じ、ゆっくりと呼吸をしながら、私自身に問いかけます。

私は、自分のどんな〝願い〟から「他人への深い思い」という長所が出て来るのか？　ひたすら……心に浮かぶなにかを待っていました。すると、最初、綺麗に調和された、最高に美しい讃美歌が聞こえるようで、そのハーモニーに心をすべて委ねると、言葉にするのが難しい、心の充足感と愉悦感と「生きていて良かった」という幸福感に包まれました。すると、つぎにその教会のキリスト様の姿が浮かんで、心の底から響き渡るような声がしました。

「すべてを慈しみなさい。あなたがすべてから慈しまれているように、すべてを慈しみなさい。それがあなたの深い願いだから……」

その深い意味がどんどん心を通り過ぎるほど、喜びが高まり、止めようもない涙が、ダムが決壊したように流れ出て来ました。ハンカチが間に合わなくテーブルのティッシュを何度も取りました。

キリスト様の声は、そんな気がするという漠然としたものではありません。その声がはっきりすればするほど涙が溢れるのです。両親の喧嘩の場面で苦しみ、父に叩かれ殺してやりたいほど憎しみ、自分が情けなくて人をわけもなく憎しみ、苦しむ。そんなすべての自分を「慈しみなさい」と言われるのです。

自分の底が抜け、とても深くて大きな、許された世界に落ちていった、と表現するのがピッタリくるような体験でした。

以上のような体験を話すと先生は、私には初めて見せる真剣な態度で聴いていました。そして、

〈あなたの体験したことは、わたしなりに痛いほど良くわかります。話を簡単にすると、わたしも幼児期に仏壇の前で同じような体験をしたからです。わたしの場合は両親が信仰深い人だったのですが、あなたの場合は、両親の揉めごとを見るたび、知らず知らずのうちに、あなたの深い心の内にある神様に願いを求めていたのではないでしょうか？　いかがですか？〉

と確認されました。

『いまから思うと、確かにそうだったようです。いつも二人の揉めごとがピークになると、「山のなかの修道院に行きたい！」って、大声で叫んでいました』

〈それは元来、あなたの心の深いところに息づいていた、深い宗教的な願望の世界にローソクの火が灯り、その世界が明らかになった様子ですね〉

『確かにそうです。わたしの深いところで、「すべてを〝慈しみたい〟のに、それができない悲しみ」のような気持がいっぱいありました。いま、そのときの自分がいと

おしくさえあります』

先生はとてもよくわかっているという面持で、話を聴いてくれました。「わかってもらえている」実感は、言葉のレベルよりずっと深い心の充足として私に感じられました。先生は

〈あなたの体験は、「症状の軽減を問題にする」という精神療法の枠を越えているようです。それは宗教的次元と自覚の問題であり、たとえば、神はありとあらゆる自然界をつくった。だから、一匹の蟻の命と人間の命は同じように重いという考えを、いまならわかるでしょう？〉

と問われました。

『理由はわかりませんが、その考えは私の心にスーッと入ってきて、そのとおりだと思います。不思議なようです』

〈それは、現実的な理論ではなく、あなたとあなたの神様との関係における宗教的次元の確信的な、心情的な論理だからだと思います。マザーテレサだったと思いますが、「あなたの居る場所で咲きなさい」という意味も、何となくわかるでしょう？〉

『わかります。信仰はなにも教会に限ったわけではなく、いま、自分の居る場所で咲く花のようなものだ、という意味だと思います』

〈久しぶりに本来的な信仰の話ができて、ほんとうに嬉しいです。また、これからも、あなたの〝内にある神様〟とうまく相談するようにしてください。それはきっと、あらゆる精神療法にも勝る相談です。「人目が気になって苦しい」というあなたの体験は、長い時間をかけて、自分と神様との関わりで基本的に変わっていきます。いますぐに変わる問題ではないと思います。人目とは「この世のうつろいやすさ」そのものとだ思います。人目が虚ろで虚しいものだと実感するのは、少し時間がかかると思います。それほど頼りないものだと思います〉

と、先生の大切な思いや考え方を、しっかり伝えてくれました。

私はそれまで、神とか神様と言ってきたものは、どこかわからない場所にあり、抽象的な神でした。しかし、神は私の心のなかに生きていた、という気づきを伝えると、先生は、

〈これからあなたは、いままで心の中でなんとなく否定していた気持を、少しずつ、

スラリと自由に表現できるようになると思います〉と言われました。

家族との心理的距離

先生は相変わらずラフな服装と笑顔で〈調子はいかがですか？〉と尋ねました。

『前の面接のあと、両親にどう言えば少しはスッキリするか？　と考え、父さんに「わたしが学校に行っているのは親孝行のつもりやけね」と言うと、父さんは「おお、それだけで十分じゃ」と答えました。わたしはなにか気持が軽くなりました』

と、開口一番に話しました。

先生は驚いたように眼を広げ〈それは大当たりですよ〉と笑いながら答えました。

そして、〈きょうは少し体験ワークをしましょう。わたしを父さんだとして、ここに居るとしたら、以前のあなたは、どこら辺りに居たか？　自分に尋ね、その場所まで動いてくれませんか？〉と言われるので、到底この部屋の中だけでは無理だと思い、そう伝えると、先生は〈無論、部屋の外でも結構です。どこら辺りか、丁寧に確認しながら、しっくりする場所がわかれば、教えに来てください〉と言われました。

私は部屋から出て外来受付の辺りに行きましたが、そこからがわからず、しばらく待っていると、身体が自然に、移動式カーテンの裏が適当な感じがして、そこで良いのかを確認して、先生に伝えに行きました。

先生は〈ずいぶん遠いのだね？〉と感想を言われました。そして、〈それでは、いまのあなたは、どこら辺りですか？　さっきのように、できるだけピッタリとくる位置に移動してみてください〉と言われました。

意外とそれほど遠くなく、面接室の入口のドアを締めた辺りでした。

思ったより近くなったので、私は少し驚きました。

試しに受付あたりまで動いてみると、なんだか実感と離れるみたいでした。

それを先生に伝えると、〈人って意外と、「遠い」と思っている人のことを心理的に

「近く」感じていることも、多々あります〉ということでした。〈そして最後に、あなたにとって「父さんとこの位置だといちばん楽でやり易い」という場所を見つけてください〉と言われました。

私はなかなかわからず、ふと「先生が背中を向けてくれたら」と思い、そう伝えました。先生は当然のように、後ろ姿を見せてくれました。

その背中と自分の背中を少し離してみたのですが、それより、後ろ斜めに横顔が見えるか見えないぐらいがいちばん楽な気がして、「ほんとうに微妙なものだ」と実感しました。

それを先生に伝えると、

〈心は生き物ですから、いつも微妙に変わります。こうして動いてみると良くわかるでしょう?〉

と言われるので、まったくそのとおり、と答えました。また、

〈なぜ、このような面接や実習をしたかというと、これから父さんと接するときに、いまここでした「もっとも楽な位置」を知るためで、その位置以上、近づかないよう

に心がけてください。それ以上近づくと地雷を踏むようなものだと思っていてくださ
い。無難なのは、先ほどした、「いまの父さんへの気持ぐらいの心理的な位置」を心が
けることでしょう。その位置は常に変わるけれど、その心がけだけでも、違ってくる
と思います〉

とのことでした。

「他人との適当な距離」と言葉ばかりが行き交うけれど、こんな風に具体的にやって
みて初めて実感できるというか、身体の感じが教えてくれるように思いました。

〈もし、自分が気をつけても相手がそれ以上近づく気がして、嫌な感じがするとき
はどうするかです。あまり気が進まない男性に「お付き合いしてください」と言われ
たら、あなたならどう答えますか？〉

と尋ねられたので、最近のことを思い出して

『人づきあいが苦手なのですみません、と言います』

と答えました。先生は、

〈そうそう、そんな感じです。たとえば「いま課題で頭がいっぱい」とか「受験勉

強で忙しい」とか無難な言い方をいくつかリハーサルしておけば、良いでしょう〉

と言われました。

私は、なるほど、と思いました。先生は

〈これはわたしの提案ですが、あなたが大学に入学したら、必ず、家を出て、自分の気持やペースをもてるように、下宿かアパート住まいを薦めます。あなたは「自分の気持や希望で物ごとを考える」というあたりまえのことがあまり得意でないように思うからです。いまから「自分は将来どのようになりたいのか」を考える癖をつけることが、とても大事な問題だからです〉

というアドバイスでした。それは、生まれて初めて目先が急に明るくなったような実感が湧くものでした。また、私の〝心の深くにある願いごと〟を指摘されたようで、「先が見えるということは、とても私自身を元気づけてくれる」と深く思いました。そしてすぐに、なぜかわかりませんが、私は演劇が好きなので、そのプロデュースができる仕事に就きたい、という願いごとがはっきり出てきました。

それを先生に伝えると、先生が嬉しそうに笑って、〈大事な発見です。学校に行くの、行かないのという問題より、もっと次元の高い問題と思います〉と言うのです。

私はほんとうに先生と巡りあって良かったと思いました。

先生も〈あなたはこの大事な問題を発見するために不登校になった、そんなように思えてなりません〉と言われました。

私はこの不登校がもたらしてくれるメリットを見つけて初めて、これまでのいろいろな苦しみに当てはめてみると、ジグソーパズルのように、なにか新しい形が出来てくる実感がありました。それを先生に伝えると、

〈少しずつ輪郭がはっきりするかもしれないけど、そのようにわかることより、何となく心の見通しや元気が少し出てくるのが、普通の場合は多いです。大事なことは、無理やり自分をどうにか道筋を立てて、ああだこうだと頭で考えず、自然に、ポッポッとわかってくることとです。頭でこねあげた自己理解は一時のもので、むしろ「何となく」の軽い感じという非論理的な、「湧き起こってくる」感じや気持を、わたしは元気になる目安としています〉

〈さて、何となくの感じで、いちばん苦しかったときを一〇〇とすると、いま、だいたいいくつぐらいですか？〉と尋ねられたので、

『いいときは二〇ぐらいから、学校では五〇ぐらいかな？』と答えました。

〈五〇以下が続くと、あとは「時間が薬」になるようです〉と、先生は答え、

〈ところで、お父さんはこの頃どうしていますか？〉

と訊かれたので、言い忘れていたことを思い出し、

『最近、下のほうの居間でテレビを観るより、テレビを買って二階の部屋で観ています。映画が好きなので、BSにも入って、好きなコーヒーを飲みながら、DVDに録画を始めて、とても機嫌がいいときがあるみたいです。テレビを買うとき、母さんが二台も無駄ではと言ったら、「俺は先生の言うとおりに、できるだけ好きなことをやって、宿題をしているのだが、なにが悪いか？」と、母さんに反論していました。結構、昔の映画などを楽しんでいて、テレビの前で夕食を食べるときもあるみたいです』

『父さんがテレビの映画に夢中になったので、母さんはわたしにあれこれ話かけてきましたが、わたしも受験に備えたいと言ってすぐに離れたりするので、最近、仕方な

く昔の趣味を思い出して、ミシンで縫いものをしたり、服装の本を持ち出したりしています』

と、家族の現状を話ました。

〈以前より、ずいぶん静かで楽になりましたか?〉

『まるで家が生まれ変わったようです。しかしときどき、「こんなに別々で、自由で、いいのかな」と思います。寂しくはないのですが……』

〈わたしは「家族は一つのようでバラバラ、バラバラなようで一つ」というのが本来的なあり方と思っています。無論、わたしの家族もそうしていて、大した問題はありません……〉

と話されました。

『先生のお家には、何人いますか?』

と尋ねると、娘と息子さんがいて四人家族だと言われました。そこで少し勇気をもって、

『わたしは以前より先生の家族のお子さんに興味があって、できたら一度でもその娘

さんと、少しでもいいからお会いしたいのですが……。すみません、変なお願いで……』

と伝えると、先生は微笑みながら、

〈いいですよ、長女はこの大学の秘書をしているから、下の喫茶店でも話をすればどうですか？　けど、あなたが思うより、ビックリするほど、ぬけているから……それは覚悟しておいてください〉

とのことでした。

来週の面接の予約がもう満杯らしく、残念で仕方なかったのですが、ちょうど来週のその曜日に、娘さんと会えるように調整をしてもらいました。

――このように急に良いほうに変化する場合は、北野はその課程を確認するようにしていて、思った以上の早い患者さんの変化に「?マーク」をつけて点検してみたけれど、彼女の回復や家族に確かな手ごたえを感じて、しばらく様子を見ることとした。

心の深いところでくすぶる夢

〈さて、久しぶりな感じですが、調子のほうはどうですか？　わたしの娘と会ったらしいけど、どんなふうでしたか？〉

と、先生は切り出されました。

『この前、先生が話していた「家族はバラバラで一つ」ということが、わたしにはピンと来てなかったんですね。けど娘さんの話を聞くと、よくわかりました。なにかメモを残しておくと家出にならないとか、家出のコツを教えてもらいましたよ。海外まで家出するとか、何だかスケールが大きくて、ビックリしました。ほんとうにバラバラで一つの感じですね。よくわかりました』

『それから娘さんに「どうしてそんなに家出が気軽にできるの？」と訊くと、「父さんが家出の名人だから」ということでしたよ。なにか仕事に集中するとか、奥さんと意見が合わないときとか、よくフラッと外に出て自分の船に泊まったりしているそうですね』

先生は明らかにバツが悪そうに笑いながら、

〈あの船はね、「明日も良い仕事をしよう」と思わせてくれる、大事な物なんですよ……。心の洗濯になったり、夢をもらえる。質の高い仕事ができるためには、遊びや、夢が必要と思っています〉

と語ってくれました。

〈夢について大事なことがあります。それは、「人は深いところで、夢によって生かされている」ということです。我々はなにも持たずに生物体として生まれて、空腹やいろいろな感覚や欲求から、その人が形成されています。だから人は、基本的欲求とその満たされ方や満たし方で、その人となりの自己が形成されていきます。そして、歳とともに自分の基本的欲求が高まり、纏まり、それが「夢」になってきます。そのように「夢」は、その人を支える基盤とも言えます〉

〈歳をとり、その人の「現実」と「夢」とのギャップが大きくなるにつれて、その夢は本人の絶望感に重なって、「たかが夢、単なる夢」と、夢を抑圧しようとする人もいます。しかし夢は、本人の〝心の深いところ〟でくすぶり続けます。夢は、知らず知らずのうちに、その人の心深くに生き続けているのです。

夢は現実を支え、現実は夢を定めていきます。夢と現実とは互いに支え合っているのです。それに、何年も夢をもち続けるほうが、夢に少しでも近づきます。わたしには良くわかるのですが、夢をもち続けると、その夢の達成についての情報に敏感になり、達成の方法に詳しくなるからです〉

という話でした。

私は、なるほどと思い続けました。

『わたしはどんなふうになりたいのだろう？　「夢」を見つけることに熱心になれば、学校で起こるいろいろな窮屈さも、だいぶ楽になるような気がしました』

母の来談と自覚

――北野の研究室に、彼女のお母さんから電話が入って「少しだけ、ぜひ会いたい」ということだったので、話を聞いた。


『家族って、互いにしたいことを認め合って初めて、それぞれが自立できるということが、最近よくわかるようになりました』

『それまでは、人のすることに互いに気を奪われ合って、互いに勝手に束縛し合っていたようです。やっと束縛から少しずつ、自由になれてきました』

と話されるので、

〈情緒障害になる家庭は、心の相互呪縛があり、そのとき必要なのは、他人の心に吸い込まれて互いに窮屈に縛り合うより、心を自分に向けて、互いに好きなことをボチボチやることです〉

〈そのとき、歳上の大人である両親から始めるきっかけを作らないと、子どもが作ろうとしても、なかなか上手くいかず、最後に反抗的になったり、自分を責めて不登校になるのが一般的です。だから、いわゆる《よい子》は気をつけないと危ないのです。その、《良い》が他人にとって良いのか、自分にとって良いのか？　この見極めが親の大切な役目になります〉

と私見を伝えると、お母さんは

『わたしにも嫌というほど覚えがあります。両親がうまくいかず、あちこちに気を遣い、しまいにわたし自身なにを考えているのか、うすらいできて、自分がわからなくなるときがありました。それが嫌で結婚したのですが、知らないあいだに同じような事態となり、情けなくて……』

と涙をこぼしていました。

〈お母さん、酷いことを言うようですが、逃避のためより、好きで結婚したかったでしょう？〉

と聞かれると、もうこらえきれない様子で、ハンカチで涙を拭かれていました。

〈そのことは、旦那さんに少し話されましたか？〉

と確認すると、

『はい。細かく説明できなくて、「父さん、せっかく縁あって結婚したのだから、これからはお互い好きなことをしながら、仲良くやりましょうね」とだけ話しました。父さんは驚いたように、「そのとおりだ」と頷いていました』

〈そのことは、お子さんに少し話されましたか？〉

『はい。あの子に「いままで母さんは我がままばかりで、あなたの事情をわかろうともせず、ごめんなさいね」と言うと、あの子はポカーンとあっけにとられた顔をしていましたので、「あなたもずいぶん、わたしたちのことで気を奪われて大変だったけど、これからはほんとうに好きな人生を歩んでね」と言うと、あの子は黙って涙を流していました』

ということでした。

――北野はあらためて、人は、条件さえ整えればほんとうに好ましいように変わってい
く、という臨床的事実を再確認した。

あのおどおどしたお母さんからこのような自覚と想いを聴くとは、思いもよらなかっ
た。北野はまた見方を変え、あのおどおどしたお母さんだからこそ、このような自覚に
至ったと考えてみて、少し納得した。

北野は、精神療法という目立たない縁の下の力持ちといえる仕事をしてきてよかった、
という少しハッピーな気持になった。

人目が気になって 苦しい

心のやりくり

面接室に入ると北野先生はこう言われました。

〈先週、お母さんが「少しだけわたしに会いたい」ということで話を聴きましたが、『家族って、互いに「したいこと」を認め合って初めてそれぞれが自立できる、ということが最近よくわかるようになった』と言っておられました。それまでは人のすることに互いに気を奪われ合って、互いに勝手に束縛し合っていたようで、やっと、それぞれ自分の好きなことを見つけて、それをボチボチやって、ずいぶん家のなかが楽になってきたそうで、お母さんは昔の洋服作りを思い出していまは少し熱中気味だそうです。あの、おどおどしたお母さんから、そのような気持が聞けるとは思えなかったので、少し驚きました〉。

私も同感で、はじめは少し笑ってしまいました。けれど、母さんの話をかみしめて良く聴くと、母さんの気持がとても伝わり、泣いてしまいました。

『家のなかが落ち着いて、だいぶ気分が楽になったのですが、それとは別に、やはり、進学のことが気になります。「数学は暗記」と先生が言ったので、回答つきの難しい参考書を買い、まず三問だけ回答を書きながら暗記すると、つぎの問題も暗記しやすかったです。これなら大丈夫かな？　と、国立大学を目指してやっていきたいと思うようになりました』

先生は、黙って微笑しながら頷いていました。

『それに……以前から言おうと思っていたのですが、わたしが学校で苦しかったのは、休憩時間でした。一人で居ると、なにか……人に見られているようで、人の視線に気を奪われて、調子の悪いときは、そのままぐったり疲れて保健室に行っていました。最近は滅多にないのですが、たまに人目が気になって、嫌なときもあります』

そう伝えると、先生は

〈最近そのようになったときに、どのような心のやりくりをしていますか？〉と訊かれました。私はこの「やりくり」という言葉にハッとして、

『わたしはその「やりくり」という作業を、意識して考えたことがなかったです』

と伝えると、先生は

〈そうですね。大抵の人は知らず知らずにやっていますが、少し意識してみると、「やりくり」のバージョンも拡がると思います。いまからする作業もそのバージョンの一つです〉

とのことです。

〈それでは、こういう「やりくり」なら出来るかな……という場面を浮かべて、思いつくことを教えてください〉と訊かれるので、

『人目が気になるときは、とにかく、そこから動いたほうがいいかな……。まず立ち上がって、トイレのほうに向かいます。歩きながら、素敵な場面を思い浮かべるのです。そのうちに収まるというか、悩みはどこかに行ってしまいそうな……？　それで駄目なら、トイレに入ってうわ向きになって、深呼吸をします。それでも駄目なら、保健室に行くことになるかな、と思います……』

と説明すると先生は、

〈図書館はどうですか？〉と言われるので、それもひとつのアイテムにしました。

〈つぎに、あなたのいう「人目が気になる」ということですが、正確には「人目が気になる嫌な感じ」なのです。気になること自体ではありません。まずこの点は、わかりますかね？　苦しみに命を吹きこんでいるのは「苦しいこと」でなくて、「苦しい感じ」が苦しみに命を吹きこんでいる、ということをまず理解してください〉

〈これから、実習をしてみましょう。あなたのいう「人目が気になる感じ」というのは、どんなふうに感じるのか？　ゆっくりと、自分に尋ねながら感じてみてくださ い〉と言われました。

私は静かに、どんな感じがするか、少し待ちました。

『からだ中が固まって、ひどく窮屈で、身動きが取れないような感じです。あぶら汗が出て、ムカムカと吐きそうな感じがして来て……、調子の悪いときの感じとそっくりです』

〈これからは想像力が必要です。あなたのその〝嫌な感じ〟をなにかに包み込むとしたら、どんなものがふさわしいか、ゆっくり想像してください。たとえば一〇メートル四方の大きなコンクリートの入れ物とか、湧いてくるイメージのまま、どんなユニークなものでも構いません……〉

私は深呼吸をして、どんなものがふさわしいか？　と想像してみました。

『まず海のような場面が出て来て、嫌な感じは、その海の底にへバリついているヘドロのような感じが出て来ました』

〈そのヘドロを取り除くには、非常に強力なバキュームが必要ですか？〉

『そのとおりです』

〈どんなバキュームが必要なのか、想像してみてください〉

私はまた、深呼吸をしました。

『そのバキュームは直径一メートルぐらいで、海底のヘドロをドンドン吸い上げて、それを、たたみ一〇畳ぐらいのしっかりした大きな風呂敷のような物に吐き出していきます』

〈それが終わったら、首で合図してください。できればヘドロを取れるだけ取ってください〉

私はヘドロがあるあたりにバキュームを当てて、出て来たヘドロを包んだ物をクレーンで、大きな包みを敷いた別の船に移しました。

それを五回くらいイメージのなかでおこなうと、ほとんどのヘドロはなくなって、その船のヘドロを容れた包みを、しっかりした紐で縛り、船で沖合いに行き、底に沈めました。

〈なにか、底のヘドロの置き場所がわかるように、タグのような目印はいりませんか？〉

と先生が言われたので、私は「何でもわかってもらえている」と、感心しました。

『「底にヘドロあり」というタグを思い浮かべました』

〈それでは……、いま、いろいろなふうに問題や嫌な感じを置いた自分から、そっと抜け出して、適当な位置から、もと居たところの自分に向かって、声をかけるのですが、もとの自分が頷くような声をかけてみてください。たとえば「よく頑張ったね」とかシンプルで素朴な言葉をかけてみて、「うんうん」と、もとの自分が頷くような感じです……〉

私は、少し下がって自分を見ていると、「ほんとうによくやったね」と、心から誉めてあげたいような気持が湧いてきました。生まれて初めての深い実感でした。

あとで、背中や額に汗をかいていることがわかり、相当、熱中して先生の実習（ワーク）を受けていたことに気づきました。

〈この方法は、慣れたら簡単にできるから、気が向いたらどこでも少しやってみてください。あなたの「やりくり」のひとつになれたら、いいですね〉

と、先生は言われました。私はなんだか〝ひと山超えた〟ような気持がしました。

暗くてなにが悪いのか

〈さて、どんなふうかな？〉

という簡単な問いかけから、面接は始まりました。私は、『数学の回答集を買ってきて、自分で解けない問題を一〇問ほど選んで、ぜんぶ記憶したところ、一〇〇点近く取れて、それで成績もうんと上がり、憧れのK大学も夢ではなくなりました』

と応えたところ、先生はいつものよう微笑しながら頷いていました。

『それと、この前した「やりくり」の実習を、将来の不安感があって、やってみました。一度やると自分に回路ができたようで、その不安感はやはり、海底のヘドロのようでした。しかし広さは大きくなくて、わたしが掃除機で吸いとり、何枚もビニール袋で包んだあと、タグをつけて以前のところに捨てようと思いましたが、船がありません。すると、横のほうから小さい船が出て来て、「あの沖合いにタグをつけて、沈めた物の近くに沈めて欲しい」と言うと、船頭さんはニコッとして頷いていました。なんと、その顔や姿が、先生を老けさせた顔にぴったりくるので驚きました。あれは「将来の先生に違いない」と思いました』

と伝えると、先生は

〈そのおじさんは、あなたの用件に「それならだいたい、いくら要ります」と金銭を要求しましたか？〉

と訊くので、

『いいえ、何にも』と答えると、

〈それじゃあ、わたしではないね〉

と笑っていました。それが先生の冗談とわかるのに、少し時間がかかりました。いずれにしても、初めての冗談でした。

『調子は、前に比べたらずいぶんいいです』と言うと、

〈もしよければ、わたしの研究について話そう話そうと思いながら機会が無かったので、簡単に話そうと思うのですが……〉と言うことで、私は興味を示しました。

〈実際に調査したことですが、「どの年齢にどのような精神症状が多いか？」を客観的に知るために、いろいろな年齢層の人に、たくさんの代表的な訴えや苦しみのなかから、自覚する症状にマルをつけてもらったのです。その項目のなかに、「他人の視線や存在が気になって、ひどく行動が不自然になる」という、いわゆる対人恐怖症と言われる項目もありました。その調査のとき私は「自分のばあい、中学時代はキャアキャアと笑いに満ち溢れていたけれど高校時代は暗かった」と思いました。そしてその結果ですが、マル印はいくつぐらいのときに多くて、だいたい何パーセントくらいか？想像してみてください〉

『その悩みは、わたしと一緒ですね』

〈そのとおりです〉

私は高校一年生からなんとなく、休み時間に人や人目が気になりかけたのですが、自分のような苦しみを他人の誰かが、何パーセントぐらいか、などと考えたこともありません。少なくとも、クラスの私以外は皆、明るく騒いでいたので、

『年齢はわたしぐらいで、いくら多くても三パーセントくらい？』

と答えたら、先生は首をかしげ、付け加えました。

〈ひとつヒントをあげましょう。あのクラスの「明るさ」はいったい何だったろうか？と……〉

『それなら、一パーセントくらい？』

〈いやいや、そんなもんじゃなく、わたしもその結果を疑い、何度も統計を確認しましたが、結果は間違えてなかったのです〉

『それじゃあ、二〇パーセントくらい？』

と推定すると、

〈いやいや、年齢はあなたの言うとおりですが、結果は、学校により少しバラつきますが、少ない学校でも四〇パーセントから六〇パーセントまでです。ということは、その年齢で人目があまり気にならず自然な自分で居れる人のほうが、統計上は「普通

でない」ともいえます。わたしはその「現場の明るさ」と数字の示すギャップを、「自らの暗さに対する強迫的・狂騒防衛」とか、「暗く成れない暗さ」とかと考えました。そして事実をみると、患者さんにはよく当てはまる場合が多いのです。わたしたちの時代はだいたい、暗く、「暗くてあたりまえ」と思っていました〉

私はその先生の話を聞き、目を大きく見開き、とても驚きました。

私はそのあと少しして、面白くもないことに、皆、キャアキャア笑っている人に虚しいほどの、怒りを感じました。それを先生に伝えると、

〈あなたの言うとおりです。暗いときには暗くなるのが健康的です。明るくならなければいけない決まりなどあったら、それはとても危ないし、精神的に不自然です。「自分を偽る無理」の弊害が、どこかに必ず出ます。だいたい、人は生き物ですから、本来的に自然な自分をごまかしたり、裏切ったりし続けると、本来の自分がわからなくなり、きわめて情緒的に不安定になります。わたしの仕事は、もともとある自分の場所に自分を戻す手伝いともいえます。少なくともわたしは、そう考えています〉

と言われるのです。

私は、いままで知らず知らずのうちに身につけていた「鎧」のようなものが、バラバラと崩れ落ち、体も心も風通しがよくなって、すがすがしい軽さを感じました。先生に

『先生、「暗くてなにが悪いのか!」というのは、わたしのなかで深く長くうごめいていた叫びのようです』

と伝えると、先生は深く頷き

〈よくわかりますよ。わたしなら、一分暗いと百円の罰金が取られるとしても、一万円先渡しして、超過分か払戻しにギャアギャアギャア文句言って、相手を暗い気持にさせて、逆に相手から罰金を取りますがね〉

と……、そのたとえ話が面白く、この先生の頭のなかはどんな造りなのかな? と、ふっと思いました。

先生は、ユングという有名な精神療法の学者を引き合いに出して、

〈明るい光があれば、必ず、強い暗い影ができる。これは自然である。まったく光

がない、闇の世界のほうがよほど恐ろしい、と言っています〉と付け加えました。

私は翌日、学校でクラスメイトの「偽りの笑い」を聞いて、その感想を先生に伝えようと思いました。

友だちができる

前回の面接が終わったあと、かえって登校するのが楽しみになりました。いままであれだけ嫌だった昼休みは、少し意地わるい言葉になりますが、人間観察の時間ともなりました。

賑やかなグループの端に座って皆の様子を伺うことに、興味を感じました。クラスメイトが確かに、笑いながら途中でうつむいたので、横にいる人から

『どうしたの？　元気を出しなよ』

と、背中をつつかれる場面を見たときなど、何とも言えない気持になり、私はその場を離れて一人になると、ホッとしました。

あらためて「一人でいると、これほど気楽な心地になるのか」と、不思議でした。


そうしていると、横から声をかけられました。

『あの〜、ここに座って良いですか』

『どうぞ』

『あの……少し聞いてもいいですか』

私は「一人でつらい」ときには誰もいず、「一人で楽しめる」ときに話しかけられることに、皮肉を感じました。

『突然ですみません。わたし、みんなの明るさについていけなくて、だいたい図書室にいるんだけど、ときどきあなたの姿を見かけて、いつか話してみたいなと思っていたの……』

と突然、言われたのです。でも私は自分でも驚くほど冷静で、

『なにか、お話でもあれば、何でもどうぞ』

と伝えると、なにか言いにくそうにしているので
『なにか言いにくい話があるの？』と尋ねました。

『あの……突然でビックリしたでしょう……。あなた、いつも昼休み一人でいるので「どうしてかしら？」と前から思っていたの。わたしもあんな賑やかなところは疲れるので、ひょっとするとあなたもそうかなあと思って……少し話ができる機会が欲しくて……。ごめんなさい。立ち入ったことなので、答えなくてもいいのよ。きょうは何となく訊いても良い雰囲気がしたから……』

彼女はそう話せて、少しホッとしたようでした。

私は、落ち着いた感じとか、楽しいという気持とかは、言わなくても他人にわかるのだろうと、ひとつの発見をしたような気持がしました。

『あなたの訊いていることの意味は、よくわかるわ。以前は自分も「みんなみたいに朗らかでなくては」と、何の根拠もなく思い込んでいたの。あのように賑やかでない

と、変な目で見られるような気持が強くて……休み時間が嫌で、苦しかったの。それで、ある有名な先生に相談までしに行ったのよ。その先生、格好はちょっと変だけど、なにを言っても、わたしの本質というか、いちばん大事なことや気持をわかってくれて、いったい頭のなかがどうなっているのかと思うぐらい、正確に理解してくれるのよ。それでね、最近のことだけど、自分が暗いとき、「暗くてなにが悪いの！」という、わたしの深いところから声が聞こえる感じがしたの。その声は、「もっと本来のあなたで居ることが、なにより大事よ」と教えてくれたような感じで、いまはもう、わたしのままで、嘘っぽい笑いは止めたの』

と、思わず長々と話しました。

その子は、珍しいものを眺めるように目を丸くして

『要は、自分は自分のままでいい、ということね？』

と言うので、彼女の理解力に驚きました。

『あなたの言うとおりよ、せめて休み時間くらい、「わたしがわたしに戻る」時間にしようと思うのよ』と答えると、彼女は紙を差し出し、

『わたしのメールアドレス。気が向いたら、ぜひ、短いメッセージでいいから欲しいんだけど……、あなたみたいな友だちが欲しいの』

と恥ずかしそうに言って、別れました。

私は、つぎの休み時間に『お元気？』という簡単なメールを送り、友だち宣言をすると、相手から『メールありがとう。これからよろしくね』という簡単なメールが返ってきました。

幾日か後で、昼休みに彼女とグラウンドのベンチで、弁当を食べながら話していたところ、彼女から

『あなたの噂、知っている？』

と訊かれたのですが、何のことかまったくわかりませんでした。

『あのね、たまたまクラスの横の男子が、「あなたと知り合いか？」と訊くので、最近知り合ってお友だちになれたみたいと言うと、「じつは彼女は、男子が付き合いたい

女子のトップで、俺もそのうちの一人なんだ。優しそうで静かな雰囲気だし、とても品のある美人というか……、廊下ですれ違うだけでドキドキしてさ。どんな人か少し教えてくれん?」って言われたのよ』

『そう……素直に言って、いまはそんな話を聞いても、なにも……うれしくも何ともないの。なにかもっと大事なことがあるような気がして……』

と答えると、友だちは笑いながら、

『というより、あなたほんとうは、この前話していたあの先生のこと、尊敬しているだけでなくて、とても好きなんじゃない?　わたし、あなたがその人のことを話しているとき、目がキラキラしていてうれしそうで……きっとそうなのかな?　と思ったけど、初対面で失礼だから、言えなかったのよ……』

と、的を射るような感じで言われました。加えて

『あなた、心の深いところにあるような「本来の自分」でいることなんて、わたしには怖くてできないけれど、ちょっとでも「本来の自分」に還ることができたらいいな、とは思うの。あなたにもいま、その先生に訊いておかないと後悔を残すことがあるか

もよ……』

と言うのです。私は、突拍子もないことだと思ったのですが、実はそうでもないことだと解りかけると、徐々に落ち着いてきて、先生に訊ける気がしてきました。

好意と慈しみ

〈さて、調子のほうはいかがですか？〉

いつもの問いかけで面接が始まりました。私は

『体調も良くて、精神的にも安定しているし、もうすぐ三年生で受験準備があるし、わたしはこれで定期的な面接は終わろうと思いますけど……いかがですか』

と提案しました。

〈わたしも同感です。調子の悪いときには、遠慮なく予約してください。また、来

れるようなら、二ヵ月後くらいにいちど顔を見せてくれたら、わたしは安心すると思います。でも、その気がなければ結構です。それから、普通は必要な場合以外はあまり教えないし、訊かないのですが、あなたの場合なんとなく、メールでつながっていたほうが良いような気がするのですが……あなたはいかがですか？〉

私は先生が提案するとは思えなかったので、

『同感です。先生から言われなかったら、わたしからお願いしようと思っていました』と述べると、先生は微笑しながら頷いていました。

また、先に述べた友だちの話をすると、先生は

〈わたしは、なにか分かち合える友だちをプラスとしたら、なんらわかり得ない友だちはマイナスと思います。わかり得ない友だちは何人いてもマイナス。いくら足してもマイナスです。しかし一人の友だちがプラスなら一〇〇人のマイナスの友だちより、実数1が残ります。そして、面白くもないのに笑いを持ち込む人はマイナスで、足し合わせが多いほどマイナスが増えます。あなたはどうやら、マイナスを友だちにしようとしてきたので、つらかったのだと思います。これから、その友だちを大事にし

てください〉
と言って、みずから頷いていました。
そこで、私は思いきって訊きました。
『変な質問ですが、わたしには大事な質問なので、気を悪くしないでください。先生は、患者としてではなくひとりの女性として、わたしをどんなふうに思われますか？変な質問ならご免なさい』

――北野は、これほど率直にそれも好意ある患者さんから、好意を伝えられたのは初めてだった。ここは言葉を選び、誠実に正確に自分の気持を伝えるのがベストだと、長い臨床経験から即座に感じ取った。

先生は特に驚いた様子もなく、しばらく沈黙して、

〈あなたはこの質問をするまで、「なにが適切な要件なのか」と、自分にずいぶん問いかけたでしょう？〉

と訊きました。

『そのとおりです。しかし友だちに、いま勇気をもって訊くことが、いちばん大事だとも言われました。わたしも同感でしたので……』

私がそう答えると、先生はゆっくり頷きながら言われました。

〈わたしはたぶん、あなたが思っている以上に、あなたを女性として好きだと思います。ふつうに患者を大事にするという思いと同時に、それ以上の何か、人としての好意を感じます。それは、異性として六割、人間として四割、ぐらいかな……。わたしがあなたと同じような年齢なら、勇気をもってお付き合いを申し込んでいると思います〉

その言葉を聴いたとき、私は途端に、涙が止めどもなく出て来ました。

『先生の言葉で……。もう、これ以上の幸福はないと思います。言って良かった』

と微笑みました。私は先生にもう少し細かく伺ってみたいので

『先生、細かく聞いてすみませんが、それはいつ頃からですか？』

と訊くと、先生は

〈それは家族一緒の、はじめての面接のときです。それぞれ話しやすい位置を確認して座るとき、あなたの位置はわたしにも、とても安心できる心地よい位置でした。それに、「おそらくこの人は、意識せずに他人への配慮もできる、優しい方に違いない」と感じられました。あなたが発する雰囲気は、とても深い繊細な優しさをかもし出していました。それは自分にはわかりにくいでしょうが、わたしはとても好意をもちました〉

と言われ、それは友だちからも同じように言われることでした。

『先生、わたしは会った瞬間からです。「なんだかこの先生なら、必ず、わかってもらえるに違いない」という背中がゾクッとするような、とても強い予感がしたのです。また、話しやすい位置にこだわってくれて、私たちをとても丁寧に扱ってくれているような感じがしました。それは、他ではけっして味わえないものです』

『その後、わたしにとって一生懸命な面接でした。友だちから「先生への深い好意」

を指摘され、自分の深いところで先生を想っていることに気づきました。きょう、勇気をもって尋ねて良かったと思っています』

と、振り返りながら思いのまま話ができ、なんだか夢をみている気分でした。

先生は、私が会いたかった娘さんから

『あの人、どこをとっても可愛いから、いっしょにパパのヨットを見に行ったり、思わずサービスしたのよね。パパの好きなタイプだと思うけどね』

と言われて、先生もそう思ったということでした。

帰るときの大学の景色が、まぶしいほど綺麗に見えました。

私はこれで、難しい受験勉強も乗り越えられると確信しました。

その面接の様子を友だちが知りたい、とのことで、詳しく話しました。

友だちはニコニコしながら、時には深く感心したように、聞いていました。彼女は、

『患者さんを人間としてとても大事にされる、いまどき、珍しい先生ね、だから、あなたのように思う女性もたくさんいるかもね……』

『それでいいの。わたしみたいな気持の人がたくさんいて、先生の周りに幸福な人がたくさんいるほうがいいの。最近なんだか、そんな人がいっぱいいるほうが良いように、思っているような気が少しするのよ。先生のわたしへの気持が豊かなら、わたしはそれだけで充分に幸福な気がするの。先生にそのような人がたくさんいても、わたしは何だか、あたりまえのような気がするの。先生に「好きです」と言ったあとで先生の気持を聞いたとき、わたしは「これ以上、幸福になると、自分のからだから大事な幸福がこぼれて行くようで、もったいない」というような気がしたの』

『そうね……、そこがやっぱりあなたらしいわね、なかなかそういう気持になれないものよ』

と、友だちは肩で息を抜くような、大きなため息をこぼしていました。

『わたしはあくまでも、先生の好意に溺れずに、受験勉強のプラスになるようにして、先生の好意に応えたいの。溺れてしまうと先生に吸い込まれてしまいそうで、そんなことは互いのためにならないわよね』

と、ひどく冷静に話せました。友だちはなにか熱心に考えている様子でした。

『というのもね、わたしはいつでも先生にメールで話しかけることができるから、なんだか、先生がいつも身近にいるようで、以前よりずっと落ち着いていられるの。二日に一度くらい、「先生、お元気?」とかの簡単なメールをすると、返答も「元気ですよ、身体に気をつけて」とか、簡単なのが返って来るの。そのメールを見るだけで、うれしくなってしまうのよ。時には、先生が仕事で忙しくしているとき、慈しんであげたいような、暖かい気持になるの』

という話を、まるで独り言のように呟いてしまいました。

『とてもいいわね、そんな人がいて。幸福な感じがして、聴いているほうも、少し焼きもちを焼きたくなるけど、とても豊かな気持がするのよ……。ねえ、わたしにも一度会わせくれないかな? どんな先生か、直接、お目にかかりたいの』

と友だちが言うので、

『そんなことだったら、先生は必ずなんらかのかたちで、気楽に会ってくれると思うから、適当なときにメールしてみるわ』

と、私は話し、あとでその件を先生に伝えました。先生からは、

〈了解です。ただし二人とも大学に合格した年の連休あたりに、ヨットで一泊する旅を予定しましょう。〉

との返事があり、友だちは飛び上がるほど喜んでいました。

私の先生への気持は「好き」というより、「先生みたいな人に皆が好意をもつのは当然で、それだけ先生は社会貢献している」と思えるような喜びが、私のなかではっきりしてきました。

確かに、

『先生、お元気ですか？　私は元気です、気持がずいぶん穏やかになっています』

とか簡単なメールをすると、少しして

〈わたしは忙しいときは必ず「ああ、暇だ暇だ」と思うようにしています。忙しさにオロオロしないために、です。受験勉強も一つひとつ丁寧にやってみるといいでしょう。あれこれ考えていると、気持だけ忙しく、その割には、思っているほど進んでないことも多いのです。「忙しい」という漢字は、心を亡くすという文字から出来ています。参考にしてください〉

というような親切なメールも時にはあります。だいたいは、

〈お元気なら、よかった〉

といった簡単なメールです。それでも、それだけで先生に声をかけられた気持でウキウキします。

『こんなふうにメールを続けていると、好きだし、労ってあげたい気持も強くなって、心が膨らみ、気持が豊かに静かになるので、いまのわたしには、それで十分なの』

と友だちに話しました。

ひとまずの終了

私が受けてきた精神療法は、大学入試のため自動的に、いちおうの中断か終了というかたちになりました。それは、「ここで終わりましょう」というはっきりした終了がなく、いちおうの「終わりめいたもの」でしたが、先生と心の関わりは、ずっと続くようなものでした。

家族も、先生がいうように、人のことをあれこれ言うより、自分の気持や意見を話すようになりました。だから私にとって初めて、自分のことを安心して言える家族に少しずつ変わっていき、最近まであった「悪いところ見つけ」のような重さと意地悪さは、どこかに行ったような様子です。

特に父は、たった一回しか会わなかったのに、先生への思いは深まって、

『さすがに専門家中の専門家だな……。家族が楽しくなるためには「おれ自身が楽しくなり少し幸福になり、自分の笑いをもつこと以外、方法はない」と、自信をもって言い切った人は誰もなく、そのとおりに少し努力してみたら、先生の言う意味がわかってきたようだ……』

と、改めて先生の専門家としての的確な見通しなどもよくわかってきたようでした。

私の考えている私立の大学と国立大学について話すと、父は

『おぉ、おまえの行きたいようにしろ。父さんが手伝ってやれることは、おまえが就職して自前で生活できるまでの必要なお金のことを出すことだから、その点、心配するな。ケチなように節約する馬鹿さ加減もよくわかって来たよ、そんな人生より、欲しいものは遠慮なく買うことにした。家はオッタマげるほど貯金があるぞ』

と、冗談めいた有り難い答えが返ってきました。

『うちは、私立はまだいろいろあって決めてないけど、国立大学は九州か京都の大学を受験しようかと思っているけど、まだ決めきれん』

と言うと、高卒で就職せざるを得なかった父は、いささか学歴コンプレックスがあ

るのか、以前は大学合格にこだわっていたようですが、

『えぇ、ほんとうかよ……。どちらでもいいよ、しかし、合格できるのか？』

と、うれしそうに尋ねました。

『まあね、もう少し頑張ったら、半分以上の確率になるよ』

『ほんとうかよ。そりゃ、大したもんだわさ。これで父さんも、役場ですこしは威張れるな……』

『そこでね、もしも九州の大学でも入ったとき、うちは下宿か寮か、どっちにしても、とにかく一人暮らしをしたいのだけれど……。ぜひ、賛成して応援してもらいたいんよ』

『北野先生はどう言っていた？』

『一人暮らしは、なんでも自分で考え決める能力を高めるから、強いて言うならそちらが良いかも、って』

『どうせ反対しても、おまえのことだから、また家出するのに決まっとるしな。だから、好きなようにしたらよかろう……ねぇ、母さん』

後ろのほうで黙って編物しながら私たちの対話を楽しんでいたかのような母さんは、黙って、にっこりと頷いていました。

私は先生の言う

「家族はそれぞれがバラバラでひとつ。ひとつで皆バラバラ」というのは、このような感じではないか、とゆっくり思いました。

結局、苦労した甲斐あって、私たち二人とも第一志望の大学に合格し、約束どおり先生には、五月の連休にどこかの島へヨットで連れて行ってもらうことになりました。

精神療法の 底辺

「私」が私になりゆくこと

精神療法というものは、それを受ける人の価値観や世界観を、本人のより深い心から生み出し、〝それまでの「私」のかっこを取り外し私に戻る〟ようなプロセスだと思います。それに添って、生き方まで変わることもあるように思います。私は自分のことを通じて、そうした事実を知ってもらいたいので、もう少し経過を述べます。

大学入学後、意外と空き時間があったし、長期休暇のあいだなど、私はとにかく、なんでも先生のことを知りたかったので、先生の大学の研究室に通いました。可愛い秘書さんがいつもコーヒーを出してくれるのが、うれしかったです。私は最初、先生の幼かった頃の話などを聞きました。とても優しいお母さんと先生との関係は、聞いていても温かい気分になりました。小学校の頃、よく物を無くす先生に、そっと鉛筆を渡してくれる、許嫁のような女の子がいた話は、特に面白かったです。

振り返ると、私と先生との面接は不思議なくらい貴重だったように思えます。

『先生、面接で心がけていらっしゃるようなことがありますか？』

とあらためて訊くと、先生はしばらく考え、詳しく説明してくれました。

〈ひとつ思い浮かぶのは、「この世のありとあらゆるものは、時間の経過により、否応なく変わる」という真実かな。ヨクウツ症の方たちは「この苦しみは死ぬまで絶対に変わらない」と、症状の絶対化を主張します。その絶対化じたいがヨクウツ症の特徴のひとつなのですが……。しかし、三十歳のその方に「五十年先の八十歳まで、絶対に変わらないですか?」と訊くと、きょとんとして、たいていは言葉にしなくても、そんなことはないだろう、という顔をします。だからわたしは、時の神様を信じて「どうか我々に、少しだけでもいいから、良い時の訪れを」と、祈るのです。稀ですが、この神様への願いを、患者さんに伝えることもあります。その「良い時」の訪れが来やすいような状況をつくり出そうと努力します。わたしにわかってもらえる、ホッとする、という患者さんの体験が、良い「時」の神様を呼び込みやすい状況にするのです〉

先生なりに少しでもわかりやすいように努力した表現でした。先生が患者さんの話を聴くありようが、私なりによくわかりました。

そして、もうひとつだけ確実な要件がある、というのです。それは次のようなことでした。

〈自分と関わり合うすべての患者さんに対して、誠意に基づいて、配慮する。言い換えると、受け持っているすべての患者さんの面接は、「今回で終わりになっても、その時点でやれることはすべてやった」と思えるような面接をすること。それがあたりまえのようにできるまで、訓練する〉

だから、先生の受け付ける患者さんの領域は広くて、多くの患者さんが一定の治療的な満足感をもつのではないかと思われました。あとは、

〈自分が素直にならないと、患者さんも素直になりにくくなるので、素直になるよう心がけている〉

とか、多くの要件がある様子でした。

〈ちなみに「自分が素直になる」という要件は、簡単なようで難しく、難しいようで簡単なことだと思います。この「素直さ」とは、考えれば考えるほど遠のいて解らなくなるが、考えれば考えるほど「素直さ」の本質に近づく、という大きなパラドックスをもっているように思います。自然なものは放っておいて自然なのに、自然を意識して考えるほど不自然になることと同じようなものですが、「自然とはなにか?」と考えを深めることは、その人の自然観を深めるようなものと似ています〉

ということでした。私は、

『先生の面接で、先生の心の深い底辺を少し垣間見て、「この世の損得を、遥か彼方に無視している」世界観のようなものを、強く感じます』

という感想を伝えると、先生は、

〈自分ではわからないけど、言われてみて初めて、そうだねと思います〉

と言われました。

先生の自由自在な面接における、微笑とか、身近な態度や言葉や、明るい雰囲気は、「自己を貫く良心」「無条件に患者さんを慈しむ心」から出てくると考えると、私はとても自然に納得できる感じがしました。

ちなみに先生たちの世界では、「自分のことを語らないほうがよい」とか、「治療者は面接室の外で会ってはいけない」とかいうルールがまだあるらしく、〈まったく実情にそぐわないので、私は最初から否定しています〉ということでした。

私はひとりの患者として、自分を語らない人に私のことを話したくない、と素直に思いました。

卒業論文

私は卒業論文のテーマを、とりあえず〝良心〟と定めました。いろいろ〝良心〟に関する文献を当たりました。その結果、選んだ文献は「『良心』について――E・フロムにおける良心とその精神分析的な考察」でした。それを指導教官に伝えると教授は、

『わたしの指導能力を超えたテーマだから、その道に詳しい別の指導教官がいたほうがいい』とのことでした。さすがに英文科の先生の指導範囲を遥かに越えたテーマでした。

――北野が驚いたのは、卒業論文ぐらいで、その難解なテーマが出て来るという点だった。嬉しさもあった。「良心」というテーマは、自分の言動の大きな動機づけになり、心身的な解放という、心地よい「快の」体験をもたらす、ある種の「行為の源」を示す概念だとも言える。それは深く、広く、問いかけなければならないテーマであり、現代社会の進歩発展の犠牲となっているとも言えるテーマでもある。

そして北野は、次のように語った。

良心という、元来、心の奥深いところにあって、その基礎は曖昧であると同時に、力強いエネルギーをもつ心性は、「どのように曖昧か?」を記述するほうが適切で、それを分析すると良心の全体性が分割されて、その核の部分は見えなくなるのではないか。それはあたかも、「混沌に目鼻を書き入れると混沌が死に絶える」様でもある。だから、良心の精神分析ではなく、少なくとも精神力動としたほうが遥かに文章は書きやすい。本来的に、良心は人の心のなかに力動的な作用をするが、それを分析しだすと、良心の特徴が見えなくなると思う。

――『なるほど、そのとおりだと思い、サブテーマを少し変えてみると、わたしの知りたい要件が見えやすくなったようです』と彼女は言い、卒業論文は担当教授がビックリするほど、「良く考察している」という評価を受けた、とのことだった。

良心の架け橋としての仕事

私は、ほんとうは自分の〝良心〟を活かせる職業に就きたかったのですが、その職業がはっきりしない場合、大学院の進学も考えていました。『英語の教師はどうか』と両親は言いますが、なぜか心は弾みませんでした。

そのようなことを先生にブツブツ言っていたところ、

〈わたしがあなたなら、なにも迷わずに、国連の難民救済センターの日本人スタッフの求人を徹底的に探すけどね、英語には不自由しないから、良心の架け橋となるつもりでやるね〉と言うのです。

先生にまた大きなドアがあるのを教えてもらった、と私は思いました。とにかく、この目で調べたいので、パソコンに向かいました。いろいろな部局があり、大抵のスタッフは大学院の修士課程終了者が多く、国際法などの試験がある部署もありました。私には「その道に歩みなさい」という声さえも聞こえてくるようでした。その声に従って、まず大学院に進学して、修士課程を終えるまでに細かい国連の求人事情を調べようと思いました。

先生は、私の〝良心〟の有り様とその活かし方まで的確に指摘してくれました。

家でその就職について話すと、父親は

『おまえは北野先生と出会ってから、どんどん、俺が見えなくなるほど大きくなるなぁ。今度は日本でなく、世界や地球が相手か……』

と、感慨深そうに言ってくれました。母は
『わたしは内心、反対です。せっかく家族の一体感が出て、「日本で結婚してもらって、孫の顔を見たい」という楽しみが出て来たのに……』と言い、その涙顔を見ると、私は寂しいものを感じました。
『けどね、母さん、仕事は国際的でも、日本の人と結婚して、ある程度の年齢になると大半の方は日本勤めになるみたい。わたしもそのように努力するから……』と、半分くらいの事実を話し、やっと了解してもらえました。

その後も報告はたくさんありますが、私の精神療法の概要は、これで充分、記したつもりです。

あとがき

――北野は、今回の本を編むにあたって、彼女の「あとがき」が欲しかったので、メールで頼んでいた。ところがメールの返事が遅く、そろそろ期限かという頃に彼女からメールが入ったので、これをもって「あとがき」とすることにした。

先生、お元気ですか？

メールを見て、とても懐かしかったのです。最近いろいろ用事が重なっていて、返信が遅れてすみません。

私は東南アジアのあるところ（そうとしか言えない決まりになっているので、すみません）で、先生からのメールを受け取りました。私はただただ、たまらなく懐かしい思い出に浸って、先生のメールを読んでいます。懐かしいというよりも、胸を締め付けられるような思いもします。

あのヨットの海のことも、よく思い出しています。木目の美しいキャビンの中で飲んだ初めてのカクテル、先生が獲ってきたウニでつくったウニメシ、漁師さんも来て盛り上がったカラオケなど、ひとコマひとコマが鮮やかによみがえります。

私はいま「世界平和」などという大きなことを考える暇さえなく、現地の人に、日本から送られてきた食物を区分けしたり、礼状を書いたりするような事務的な仕事をしています。

じつのところ「明日の仕事」のことで精一杯で、「どうして人びとはこんな風に争わなければいけないのか？」といった疑問さえも湧かなくなくなるほど、日々の仕事に追われています。

しかし、それで私はとても充実しているようです。先生が〈日本中の患者さんのことを心配するよりも、いま目の前の患者さんの心配をするほうが、とても生産的だ〉と話されていたことを思い浮かべています。

文字どおり「いま、しなければならない仕事」がいっぱいあって、他のことは考えていないという状況でもあります。いまの私は、先生が忙しくても満足していた気持がよくわかります。

〈少しでも良いように、ちょっとでもマシになってくれたらいい〉という先生の口癖が、私の気持に風穴を開けてくれました。私も「少しでも良いように……」という気持で仕事ができ、それで充実できているのは、やはり、先生との出会いがあったからだ、と思えてなりません。

ここらあたりは、荒れ果てたとか、荒涼としたという言葉を超えて、「無残そのもの」としか言いようのない現状です。人が安心して明日を生きるということが、これほど困難なことであったかと、実感する毎日です。

この地に生きる彼らを見て、「こんこんと湧き出る、わたし自身の優しさ」のようなものを感じて、神に感謝したいような気持になるときも多々あります。いまから思うと、私はとても贅沢なことで悩んでいたような、恥ずかしささえ覚えます。

しかし、先生が言っていた「文化と症状は密接に関係している」という話を思い出します。こちらでは、ノイローゼとか不登校とか、そんな精神症状はまったくありません。反対に、ヒステリーとか、なにかの精神的重圧が体に出てくるというような、原始的な(?)症状はたくさんあります。

人は、耐えられない恐怖や恐れに直面し続けると、目が見えなくなったり足が動かなくなったりする、といわれますね。けっして眼や脚が病的に悪いわけではなくて……。ある意味で、耐えられない苦しみが「心ばかりでなく身体の症状として無意識的に出てくる」ことで、生きる知恵のようなものになっている、とさえ考えてしまいます。そうでもないと生きていれないような状況であることは、確かです。

昔の研究を思い出すことがときどきあります。しかしそれは、学問的な意味ではなく、なぜかしら「研究」という素敵な知的な行動に思いを馳せてしまうのです。治安と教育が高くなければ文化国とは言えない、と先生はよく言っていました。研究できるということはもっとも文化的な行動だと思うのです。いま、こんなところにいると、ときどき衝動的に、自分の卒業論文などの思い出に浸ることがあります。いずれにしても、懐かしくて、懐かしくて、たまりません。

先生の文章を何度も読み返しながら、私は何度涙したことか、わかりません。もともと、泣き虫だったのです。

いまから思うと先生は、できるだけ副作用がなく、早く患者さんが回復して、満足できる治療方法はなにか？　ということを、ユニークな発想とともに一生懸命追い求めて来られたような気がします。

〈状況や気持が少しでもマシになればいい〉と、先生はよく言っていました。現地の貧しい人が、少しでも自分の手で畑を耕すとか、物を作るとか、平和な時が来るように、「少しでもマシになってくれたら……」と思いながら仕事ができるようになるのと、同じようなことではないだろうかと思うのです。いずれにしても、先生がこの仕事を勧めてくれたことで、私は、なによりも、人生の生きている意味を感じられるということで、とても幸せでないかと思えるのです。

いまの私にとっては、そのような思いを伝えるだけで十分で、細かい部分はもうどうでもいいような気がしてなりません。

そう言えば先生は、世界一周の船旅から帰ってきたとき、こう言っていました――〈世界中どこに行っても、日本人と言えばとても好意的に見られ、日本は世界から好かれている国だ。日本人はそのことを意識したほうがいい〉と。ここに来て、ほんとうにそのとおりだと思っています。日本人であることを、とても大切にしたいと思うようになりました。日本人にとって、国際的なプライドは、やはり大事なものだと思います。生意気なことを言っているようで、なんだか気恥ずかしくなりました。

先生から、なにもかも与えられたような気がします。先生はそのつもりでなくても、私はそのように思っています。その恩返しは、やはり、この現地の人を思いやり、できるだけのことを、無理せずに少しずつやっていくことだ、と思っています。

こんなに書いていると切りがありません。いつか日本に帰ったとき、実家に帰れそうだったら先生へ連絡をしたく思いますが、なかなか、東京泊まりでゆっくりとはできません。

日本に帰ると、道路は舗装され、車も家々も綺麗で、争いは少ないでしょう。これは私たちが見れば、いわば奇跡的な幸福と思えます。私は日本に生まれて、いろいろな人に出会えて良かったと、ほんとうに、自分の人生を肯定できるような気持でいっぱいです。

こんなような内容で、私のメールの返信が今度の本の「あとがき」となりましたら幸いです。

追伸

先生が言うには、〈どんな人間でも基本的には、他の人や社会に対して調和的で穏やかな関係でありたい、という欲求をもっている。ただ、それを抑圧している〉ということでしたね。本当にそのとおりだと思います。平和な世界の実現の可能性が仮にあるとするならば、皆が抑圧している「調和的でありたい」という気持を解放して、みなと共有できる分だけ、平和になれるような気がします。

こちらでも、その気持で皆さんと接していれば、不思議に皆さんは、日々、私たちに対してとても平和的なのです。そのこと一つとっても、先生から大切なことを教えられたような気がします。

「〝わたし自身〟として生きられる人生はあたりまえではない……」深い喜びとともに、先生への感謝も尽きません。

今度の本が出来たら一冊、送ってくださいね。

かしこ

参考文献（以下、増井武士著）

『治療関係における「間」の活用——患者の体験に視座を据えた治療論』（学位論文—教育学博士・九州大学）星和書店、一九九四年。

『迷う心の整理学——心をそっと置いといて』講談社現代新書、一九九九年。

『不登校児から見た世界——ともに歩む人々のために』有斐閣、二〇〇二年。

『心の整理学——自分でできる心の手当て』星和書房、二〇〇七年。

『治療的面接への探求』第一巻〜第四巻、人文書院、二〇〇八年。

『来談者のための治療的面接とは——心理臨床の質と公認資格を考える』遠見書房、二〇一九年。

『こころの日曜日』一〜四、菅野泰蔵編（分担執筆）、法研、一九九四〜一九九五年。

『治療的面接の工夫と手順——人間学的力動論の観点から』（池見陽との共著）創元社、二〇二〇年。

刊行に寄せて

神田橋條治

北野晶夫シリーズの第二弾です。

このシリーズの大要については、第一弾の巻末にわたしが書いた文章をお読みください。できれば、前著に続けてこの第二弾をお読みいただくと、増井武士さんが北野晶夫をとおして表現したい〈対話精神療法〉のエッセンスが、構造物として伝わると思うのです。

今回のケース・レポートをお読みになると、治療者である北野晶夫があまりにも多弁であることに、驚かれるでしょう。明らかに、「カウンセリングの基本は傾聴」という常識を逸脱しています。そのような内容となった理由は、おそらく次の三点です。

○

著者の増井さんは、思春期クライエントと膨大な治療経験を積んでいる。そのなかで、「思春期の患者は、新鮮で生き生きした体験を日々重ねており、それらを組み合わせて〝人生経験〟という構築を形成する過程にある」ということを身をもって感じている。したがって、とりあえずの「構造」の骨組を提供することが有益である。そこで治療は「教育」の機能を必要とする。

他方、すでに経験を構造化している年配者にあっては、その構造を揺さぶり、新たな構造へと組み替える必要があり、結果としての新たな構造は各人各様であり、「自己実現」というコトバが馴染みやすい。本ケースでの父親への、ごく短い助言と、それが生み出した効果が、通常のカウンセリングの大略を示している。

思春期における人格形成は〝とりあえず〟のものであり、限られた数種のパターンとなる。長年の経験から増井さんは、目の前にいる思春期クライエントに相性のよい〝とりあえず〟の型を読みとり、発想することが出来るので、それを提示して〝とりあえず〟の休息の場とする。

そのパターンは、近い将来、クライエントが改築して、自己実現を成すまでの「基地」に過ぎない。増井さんは、思春期のケースに汎用できる〝型〟を読者に提示しようとして、北野晶夫に語らせている面もあるだろう。

すぐれた理解力のあるこのケースは、北野晶夫の語る「考え」をつぎつぎに理解し統合するので、それによって北野の側が、クライエント・センタードの治療効果を得ている。〈対話精神療法〉の本質は、両者が互いに「理解しあう」「統合しあう」関わりである。メジャーズが他の精神療法と異質であることを自負する所以である。

この症例報告を、クライエントを治療者と想定して再読することで、私たちは新たな知恵を得ることができ、ほとんど、素晴らしいスーパーヴィジョン体験となる。

○

次は増井さんに、男性のクライエントが登場する〝第三弾〟を期待します。
そこにはおそらく、増井さんの「外洋クルーザー体験」が生かされましょう。
それは、男の複雑な心理内容を具現している世界でしょうから……。

二〇二四年　一月二十五日

神田橋條治

増井武士「心理臨床」の航跡

九州大学大学院修士課程より、同大学病院小児科発達検査室、九州大学教育学部心理教育センター室員および指導員。

その後、松ヶ江病院、堤病院、雁ノ巣病院、蒲生病院（各病院精神・神経科入院および外来精神療法担当）、三菱化学黒崎工場健康管理室カウンセリングルームなどを経て、現在、福岡聖恵《めぐみ》病院精神科精神療法増井外来、バリ島日本人自殺予防センター主管を務め、増井メンタルヘルスルームにて、精神療法および心理臨床指導などに携わる。

著者紹介

増井武士（ますい・たけし）

1945年生まれ。九州大学大学院博士課程修了。

同大学教育学部助手を経て、産業医科大学医学部医学心理学教室准教授。教育学博士（九州大学）。同大学病院精神・神経科および産業医実務研修センターを併任。

故・河合隼雄先生を理事長として、日本心理臨床学会常任理事、同学会倫理委員長、編集委員などを歴任。また、日本臨床心理士会全国区代議員などを務める。

産業医科大学退職後、九州産業大学国際文化学部教授。

現在、東亜大学大学院客員教授、日本臨床心理士会理事。


著書に『治療的面接への探求』1-4〔人文書院〕、『迷う心の「整理学」』〔講談社現代新書〕、『不登校児から見た世界』〔有斐閣〕、『来談者のための治療的面接とは』〔遠見書房〕、『治療的面接の工夫と手順――人間学的力動論の観点から』（池見陽との共著）〔創元社〕、『治療関係における「間」の活用――患者の体験に視座を据えた治療論』（学位論文の書籍化）〔星和書房〕がある。

kodachi no bunko

精神療法《せいしんりょうほう》でわたしは変《か》わった 2

「良《よ》い子《こ》」の危《あや》うさ

2024年 7月20日　初版第1刷印刷
2024年 7月30日　初版第1刷発行

著　者　　増井武士
発行者　　津田敏之
発行所　　株式会社 木立の文庫
京都市下京区新町通松原下る富永町107-1
telephone 075-585-5277　facsimile 075-320-3664
https://kodachino.co.jp/

造　本　　文図案室　中島佳那子
印刷製本　亜細亜印刷株式会社

ISBN 978-4-909862-36-5　C1011
© Takeshi MASUI 2024　Printed in Japan

落丁・乱丁本はお取り替え致します。

本書のコピー／スキャン／デジタル化の無断複製は、著作権法上での例外を除き禁じられています。本書を代行業者などの第三者に依頼してスキャンやデジタル化することは、いかなる場合も著作権法違反となります。

精神療法でわたしは変わった
苦しみを話さずに心が軽くなった

増井武士：著　四六変型判並製152頁　定価1,540円

2022年8月刊　ISBN978-4-909862-25-9

三歳までの子どものこころ相談室
子育て支援センターQ&A

小柳晴生：著　四六変型判並製224頁　定価1,540円

2022年12月刊　ISBN978-4-909862-26-6

逃げるが勝ちの心得
精神科医がすすめる「うつ卒」と幸せなひきこもりライフ

加藤隆弘：著　四六変型判並製240頁　定価1,980円

2023年7月刊　ISBN978-4-909862-30-3

バンヤンの木の下で
不良外人と心理療法家のストーリー

池見陽・エディダスワニ：著　新書判並製400頁　定価1,980円

2020年10月刊　ISBN978-4-909862-16-7

サブカルチャーのこころ
オタクなカウンセラーがまじめに語ってみた

笹倉尚子・荒井久美子：編著　四六変型判並製384頁　定価2,420円

2023年5月刊　ISBN978-4-909862-29-7

（定価はすべて税込）